Einsatzmöglichkeiten von GPT in Finance, Compliance und Audit

AF890731

Tanja Hüsch · Dirk Distelrath ·
Alexander Hüsch

Einsatzmöglichkeiten von GPT in Finance, Compliance und Audit

Vorteile, Herausforderungen, Praxisbeispiele

2., erw. Auflage

Springer Gabler

Tanja Hüsch
Köln, Deutschland

Dirk Distelrath
Köln, Deutschland

Alexander Hüsch
Köln, Deutschland

ISBN 978-3-658-49459-9 ISBN 978-3-658-49460-5 (eBook)
https://doi.org/10.1007/978-3-658-49460-5

Die Deutsche Nationalbibliothek verzeichnet diese Publikation in der DeutschenNationalbibliografie; detaillierte bibliografische Daten sind im Internet über https://portal.dnb.deabrufbar.

© Der/die Herausgeber bzw. der/die Autor(en), exklusiv lizenziert an Springer Fachmedien Wiesbaden GmbH, ein Teil von Springer Nature 2023, 2025

Das Werk einschließlich aller seiner Teile ist urheberrechtlich geschützt. Jede Verwertung, die nicht ausdrücklich vom Urheberrechtsgesetz zugelassen ist, bedarf der vorherigen Zustimmung des Verlags. Das gilt insbesondere für Vervielfältigungen, Bearbeitungen, Übersetzungen, Mikroverfilmungen und die Einspeicherung und Verarbeitung in elektronischen Systemen.
Die Wiedergabe von allgemein beschreibenden Bezeichnungen, Marken, Unternehmensnamen etc. in diesem Werk bedeutet nicht, dass diese frei durch jede Person benutzt werden dürfen. Die Berechtigung zur Benutzung unterliegt, auch ohne gesonderten Hinweis hierzu, den Regeln des Markenrechts. Die Rechte des/der jeweiligen Zeicheninhaber*in sind zu beachten.
Der Verlag, die Autor*innen und die Herausgeber*innen gehen davon aus, dass die Angaben und Informationen in diesem Werk zum Zeitpunkt der Veröffentlichung vollständig und korrekt sind. Weder der Verlag noch die Autor*innen oder die Herausgeber*innen übernehmen, ausdrücklich oder implizit, Gewähr für den Inhalt des Werkes, etwaige Fehler oder Äußerungen. Der Verlag bleibt im Hinblick auf geografische Zuordnungen und Gebietsbezeichnungen in veröffentlichten Karten und Institutionsadressen neutral.

Springer Gabler ist ein Imprint der eingetragenen Gesellschaft Springer Fachmedien Wiesbaden GmbH und ist ein Teil von Springer Nature.
Die Anschrift der Gesellschaft ist: Abraham-Lincoln-Str. 46, 65189 Wiesbaden, Germany

Wenn Sie dieses Produkt entsorgen, geben Sie das Papier bitte zum Recycling.

Vorwort Springer

Mit großer Freude präsentieren wir Ihnen dieses Fachbuch über die Einsatzmöglichkeiten von ChatGPT (Chat-Bot Generative Pre-trained Transformer) in den Bereichen Finance, Compliance und Audit. Die Entstehungsgeschichte dieses Buches ist geprägt von Innovation, Kreativität und der für uns alle spannenden Verbindung zwischen menschlicher Expertise und Künstlicher Intelligenz.

Die Autor*innen Alexander Hüsch, Dirk Distelrath und Tanja Hüsch hatten schon seit einiger Zeit den Wunsch, ein Fachbuch zu veröffentlichen, das die neuesten technischen Entwicklungen und Anwendungen in ihrem fachlichen Schwerpunkt umfassend behandelt. Sie waren sich jedoch bewusst, dass ein solches Projekt erheblichen Zeitaufwand und Ressourcen neben fordernden beruflichen Tätigkeiten verlangt. Durch den Fokus der Öffentlichkeit auf ChatGPT und die damit mittels Künstlicher Intelligenz (KI) gestützte Textgenerierung, fügt sich unser Experiment in eine Reihe von Entwicklungen ein, die wir als Verlag bereits seit Jahren begleiten. Uns als Verlag kann die KI helfen, Wissen schneller verfügbar zu machen und damit die Bedürfnisse unserer Autor*innen optimal zu bedienen. Das damit gemeinsam bestehende Interesse zwischen Autorenschaft und Verlag führte uns zu der Idee, diese Technologie erstmals in der Entstehung eines Fachbuches einzusetzen und die Möglichkeiten und Grenzen damit näher zu erkunden.

Zur Umsetzung unserer Idee griffen wir zu einer außergewöhnlichen Initiative: Wir luden Autor*innen, Fachexpert*innen aus unserem Lektorat, IT und Innovationsmanagement sowie Journalist*innen der Wissenschafts-Sendung 3sat Nano und der Frankfurter Allgemeinen Zeitung (FAZ) zu einem ganztägigen Hack Day in unseren Verlag ein. In diesem Workshop wollten wir einen transparenten und kollektiven Prozess schaffen, der zeigt, wie menschliche Expertise und Künstliche Intelligenz zusammenarbeiten können. Es war eine spannende Reise, bei der wir die Möglichkeiten und Grenzen von GPT ausloteten.

Dieses Buch ist auch Teil unseres Programms KI-generierter Bücher, das 2019 mit dem ersten maschinen-generierten Wissenschaftsbuch „Lithium-Ion Batteries“ begann.

Mit diesem Buch, rund um den damaligen Forschungsstand zum Thema Lithium-Ionen-Batterien, haben wir nicht nur ein Feld von Möglichkeiten eröffnet, die Technologie der maschinellen Textgenerierung weiter zu erkunden. Vielmehr haben wir uns auch in die Lage versetzt, die verlegerischen Implikationen der Publikation KI-generierter Inhalte umfassend zu verstehen und auszuleuchten. Damals haben wir uns mit Ansätzen rund um KI-basierte Suche, thematischem Clustering zur Ideenfindung und einer extraktiven Zusammenfassung von Kerninhalten beschäftigt. Wir wussten bereits, dass Transformer-Modelle, insbesondere GPT, sowie der weitere Bereich der sogenannten Large Language Models (LLMs) in den Startlöchern standen. Aber unsere Experimente vor ein paar Jahren auf diesem Gebiet und der Stand der Technologie ließen es noch nicht zu, zuverlässige Inhalte zu veröffentlichen, die den Qualitätsstandards von Springer Nature entsprechen. In der Zwischenzeit hat sich die Technologie rund um LLMs so weit entwickelt, dass wir jetzt in der Lage sind, GPT-basierte Textgenerierung auf dieses neue Fachbuch anzuwenden. Und zwar in einem kontrollierten und ausgewogenen Modell der Mensch-Maschine-Interaktion.

Seitdem GPT durch die Veröffentlichung von ChatGPT Ende 2022 zu einem Medienphänomen geworden ist, haben sich Presse und öffentliche Meinung mit wachsendem Interesse mit dem Thema beschäftigt. Viele Experimente zur automatischen Erstellung von Inhalten mit dieser einzigartigen Technologie folgten. Zahlreiche Zeitungsartikel, Romane und Kurzgeschichten wurden mit GPT verfasst, gefolgt von Schlagzeilen, die diese Experimente in Presse und Medien feierten. Oft lag der Fokus der Berichterstattung darauf, wie erstaunlich es ist, seitenweise lesbaren Text lediglich mittels simpler Kommunikation mit einem Chat-Bot schreiben zu können. Dieser „Wow-Effekt“ wurde auch in Social Media verstärkt in den Blick gefasst. Die Qualität dieser schnell erstellten Seiten schien bei der großen Begeisterung fast in den Hintergrund gerückt zu sein. Bei bisherigen Experimenten mit GPT lag der Fokus nur in geringem Maße auf fachlicher Qualität der produzierten Texte. Zudem wurden sie nicht auf einem akademischen Niveau getestet und evaluiert. Als Wissenschafts- und Fachverlag haben wir daher bei diesem Buch-Experiment und der Integration von GPT in unsere Arbeitsabläufe größten Wert auf die Evaluation der erzielten Ergebnisse und damit die Sicherung der Qualität des Inhaltes gelegt.

Wir wussten, dass GPT ein hervorragendes Tool zur Texterstellung ist, wenn konkrete Vorgaben und qualitativ hochwertige Quellen zur Verfügung stehen. Daher war eine gute Vorbereitung unerlässlich. Es war unser erstes Experiment dieser Art und erforderte ein hohes Maß an Kommunikation und Flexibilität über den gesamten Prozess – von der Ideenfindung bis hin zum Druck des Buches.

Bei der Gestaltung des Prozesses zur Veröffentlichung dieses Buches standen für uns eine sorgfältige Vorbereitung, zahlreiche und regelmäßige Feedbackschleifen sowie eine Überprüfung und Veredelung der generierten Texte im Vordergrund. All diese Elemente haben wir in den Prozess integriert, um eine objektive und valide Evaluation der erzeugten Inhalte zu gewährleisten.

Im Vorfeld des Workshops ergriffen wir daher eine Reihe von Maßnahmen, um einerseits sicherzustellen, dass GPT qualitativ hochwertige Texte generiert, und sich andererseits in unsere bestehenden Prozesse einfügt und damit die erhofften Synergien generiert. Zunächst erarbeiteten wir eine detaillierte Definition des Themas mit einer klaren Gliederung und Struktur für das Buch, einschließlich Inhaltspunkten für jedes Kapitel sowie ausgewählten Quellen für den Inhalt. Dies steht dem klassischen Schreib- und Verlagsprozess in Nichts nach: eine strukturelle, inhaltliche sowie konzeptionelle Vorbereitung der Inhalte ist unabdingbar – unabhängig davon, ob Künstliche Intelligenz eingesetzt wird oder nicht.

Beim Hack Day selbst traf sich das interdisziplinäre Team zum Einfangen des Experiments und dem noch nicht klaren Ausgang. Wir teilten die Gruppe in Expertisen und Aufgaben auf: Auf der einen Seite des Raumes gaben Autor*innen und IT-Expert*innen Prompts in GPT ein, während auf der anderen Seite Autor*innen und Lektorat die GPT-Ergebnisse überprüften. Wir nannten dies „Prompt-Ping-Pong“. Das Team gab sich in beiden Richtungen gegenseitig schnelles Feedback. Auf diese Weise konnten die Prompts dynamisch angepasst werden, dass rasch bessere Resultate folgten. Wir generierten Absatz für Absatz, bis wir am Abend bei 180 Seiten angelangten.

Am Ende eines intensiven Tages entstand ein Manuskript in erster Fassung, das jedoch noch nicht druckfertig war. Es war vielmehr ein Grundgerüst, das im weiteren Verlauf von Autor*innen und Fachlektorat gelesen, erweitert und korrigiert wurde. Besonders die wertvolle Expertise und Erfahrung unserer Autor*innen als Expert*innen zum gewählten Thema war unerlässlich, um die Feinheiten, Nuancen und tiefgreifenden Erkenntnisse zu vermitteln, die dieses Buch auszeichnen. Somit überprüften, veredelten und ergänzten die Autor*innen die generierten Texte um ihre eigenen Erfahrungen und Expertisen im Anschluss an den Hack Day. Damit stellten wir sicher, dass potenzielle Verzerrungen und Fehler der Inhalte aufgedeckt, korrigiert und um weitere Inhalte erweitert wurden. In Kombination mit den vorab ausgewählten Quellen erfolgte auf diese Weise neben der Personalisierung durch die Autor*innen eine bessere Nachvollziehbarkeit der Ergebnisse. Im Anschluss an diesen neuen Prozess durchlief das erstellte Manuskript die klassische Lektoratsprüfung sowie die Verlagsproduktion.

Unsere drei im Bereich der Finanzwirtschaft in Unternehmen erfahrenen Autor*innen mit jahrelanger Praxiserfahrung haben jeden von GPT erzeugten Input gelesen und evaluiert und gemeinsam mit dem Buchlektorat das Buch auf Qualität geprüft und veredelt. Ihr wachsames Auge auf die Qualität des generierten Textes hat im Entstehungsprozess des Manuskripts das „Prompting“ von GPT schrittweise verbessert. Auf diese Weise haben wir ein wichtiges Ergebnis erzielt: ein Buch, das den Qualitätsstandards von Springer Nature entspricht und gleichzeitig einen spezifischen Workflow, der die Technologie der LLMs erstmals optimal in unsere bestehenden Buch-Produktionsprozesse integriert.

Wir haben damit einen Prozess entwickelt, der das Potenzial hat, wertvolle Zeit bei der Manuskripterstellung einzusparen und unseren Autor*innen helfen kann, ihre publizistischen Ziele besser in ihren Arbeitsalltag zu integrieren. Unsere Autor*innen können somit mehr Zeit mit der Erweiterung ihrer Fachexpertise oder Forschung verbringen als mit dem Schreiben. Durch die Integration der Kernkompetenzen beider Welten – Mensch und Maschine – ist die hohe Qualität der Inhalte gewährleistet, die bei uns als Wissenschafts- und Fachverlag immer an erster Stelle steht. Die Sprachkompetenz von GPT (Language) und die Wissenskompetenz der Autor*innen (Knowledge) sind vereinbar und ergänzen sich zu verbesserten Prozessen, die die Bedürfnisse unserer Autorenschaft besser bedienen. Mit regelmäßigen Feedbackschleifen, Prüfung der Inhalte von Autor*innen und Lektor*innen sowie Anreicherung um Quellen sind wir unserem Ansatz gefolgt, neue Technologien wie die der KI mit dem Ziel zu erkunden, einen ethisch verantwortungsvollen und nachhaltigen Umgang mit ihnen sicherzustellen.

Dieses Fachbuch ist nicht nur ein Beispiel dafür, was aktuell im Bereich KI-generierter Bücher sowie Inhalte in Bewegung ist und welche Grenzen neue Technologien bei aller Begeisterung haben. Zur gleichen Zeit erlaubt dieses Buch auch einen Ausblick auf die Zukunft. Was wir am Horizont sehen, ist nichts anderes als die Personalisierung der Art und Weise, wie Fachbücher in Zukunft geschrieben und konsumiert werden. Gepaart mit der Aussicht, mit technologischen Möglichkeiten wie KI Wissen rund um die Welt schneller verfügbar zu machen, ist dieser Ausblick aus unserer Sicht vielversprechend. Denn er zeigt, dass der Mensch nach wie vor im Mittelpunkt der zahlreichen hier adressierten Anwendungsfälle steht. Es geht darum, Inhalte schnell zu generieren, und zwar genau dann, wenn sie benötigt werden. Auf dem Weg dahin muss eine vom Menschen kontrollierte Art der Inhalte-Generierung im Sinne von Best Practices von hoher Qualität definiert und sichergestellt werden. Es ist der alte Traum der Buchleser, die potenziell zu Verfassern von Inhalten werden und die redaktionelle Eigentümerschaft über die erzeugten Bücher übernehmen, die dann wiederum automatisiert auf die unterschiedlichen Bedürfnisse vielfältiger Zielgruppen zugeschnitten werden können. Es ist das Buch als personalisierte, lebendige Ressource, die die Bedürfnisse von Leser*innen und Autor*innen in kombinierter Weise bedient.

Dies spornt uns an, unsere Experimente fortzusetzen, um GPT in unsere komplexen, lebendigen und vielschichtigen Produktionsprozesse für qualitativ hochwertige Bücher weiter zu integrieren. Dieses Buch ist das Ergebnis eines klassischen Buchproduktionsprozesses, der auf der Grundlage einer innovativen Idee und unter Einsatz modernster Technologie in der Phase der Manuskripterstellung begann. Es zeigt, dass trotz des Fortschritts der Künstlichen Intelligenz menschliche Kreativität, Expertise und Urteilskraft nach wie vor unersetzlich sind.

Wir sind sehr dankbar für die kreative und wertvolle Zusammenarbeit mit unseren Autor*innen und allen Beteiligten im Verlag, die an der Entstehung dieses Buches mitgewirkt haben. Die vorliegende 2. Auflage des Werks wurde nun mithilfe von KI um die Hörbuch-Funktion erweitert.

Über Fragen und Feedback freuen wir uns über unseren LinkedIn-Kanal: https://www.linkedin.com/company/springergabler/

Henning Schönenberger
Andreas Funk
Rocco Raso
Vivien Bender

Vorwort Autoren

Liebe Leserinnen und Leser,

wir freuen uns, Ihnen dieses Fachbuch vorstellen zu dürfen, in dem wir die Anwendungsmöglichkeiten der künstlichen Intelligenz, insbesondere des ChatGPT-Modells, in der Finanzabteilung eines Unternehmens beleuchten. Unser Ziel ist es, Ihnen ein umfassendes Verständnis dafür zu vermitteln, wie AI-Technologie die Finanzwelt revolutionieren kann, indem sie Produktivität steigert, Prozesse optimiert bzw. absichert sowie neue Möglichkeiten für strategische Entscheidungsfindung bietet.

Das Buch ist so gestaltet, dass es aus der Perspektive des Lesers geschrieben ist. Wenn Sie also ein Controller sind, werden Sie das Kapitel über Controlling lesen und wenn Sie im Risikomanagement tätig sind, das Kapitel über Riskmanagement. Jedes Kapitel wurde mit dem Ziel entwickelt, Ihnen spezifische und praktische Einblicke in Ihren jeweiligen Bereich zu geben.

Bei der Arbeit mit ChatGPT ist zu beachten, dass die Textlänge für Prompts begrenzt ist, was die Komplexität der abgefragten Informationen beeinflusst. Die Qualität des Prompts spielt eine entscheidende Rolle für die Nützlichkeit der generierten Antwort. Deshalb legen wir in diesem Buch einen besonderen Schwerpunkt auf die Entwicklung effektiver Prompts.

In diesem Buch stellen wir konkrete Praxisbeispiele vor, um die Vorteile des Einsatzes von AI zu demonstrieren. Bitte beachten Sie, dass diese Beispiele theoretischer Natur sind und nicht in der Praxis erprobt wurden. Sie sollen Ihnen lediglich als Anregung dienen, um die Möglichkeiten der AI-Technologie in Ihrem eigenen Arbeitsumfeld zu erkennen und zu nutzen.

Wir betrachten den Stand von ChatGPT von März bis Mai 2023. Es ist faszinierend, die rasante Entwicklung von GPT-Modellen zu beobachten. Dennoch ist es wichtig zu verstehen, dass auch diese Technologie ihre Grenzen und Herausforderungen hat.

Wir werden nicht nur die positiven Aspekte, sondern auch die Herausforderungen und Risiken bei der Implementierung solcher Technologien diskutieren. Dabei werden wir immer einen praxisorientierten und realitätsnahen Fokus beibehalten, um Ihnen konkrete Anwendungsszenarien und Lösungen zu präsentieren.

Wir danken Ihnen für Ihr Interesse an diesem Buch und hoffen, dass es Ihnen wertvolle Einblicke und praktische Anregungen für Ihre Arbeit in der Finanzwelt gibt. Wir freuen uns auf Ihre Rückmeldungen und Anregungen und wünschen Ihnen eine anregende Lektüre.

Mit besten Grüßen,

Köln, Deutschland

Alexander Hüsch
Dirk Distelrath
Tanja Hüsch

Inhaltsverzeichnis

Über die Autoren

Alexander Hüsch ist CFO einer internationalen IT Unternehmensgruppe. Er hat 15 Jahre Erfahrung in Führungsrollen im Finanzbereich verschiedener Unternehmen. Davor war er als Wirtschaftsprüfer und Steuerberater in einer mittelständischen Prüfungsgesellschaft tätig.

Dirk Distelrath Dirk ist Director im Consulting einer Wirtschaftsprüfungsgesellschaft. Mit innovativen Impulsen und effizienten Lösungen begleitet er Unternehmen auf dem Weg in die digitale Zukunft. Mit einer Mischung aus IT Expertise und betriebswirtschaftlichem Know-how schaffe ich für Unternehmen den richtigen Rahmen, um sich auf digitale Pfade zu begeben.

Tanja Hüsch Tanja ist Head of Internal Audit & Risk Management bei einem an der Nasdaq notierten Metasearch-Unternehmen. Hier verantwortet sie unter anderem die SOX 404 Compliance. Sie verfügt über umfangreiche Erfahrungen in leitenden Rollen in der Revision sowie als Wirtschaftsprüferin und Steuerberaterin.

Hintergrund GPT

1

Um die Audioversion dieses Kapitels zu hören, klicken Sie auf den Link oder scannen Sie ihn mit der Springer Nature More Media App:
► sn.pub/jqiflh

1.1 Zusammenfassung (GPT)

Die Bedeutung von Künstlicher Intelligenz (KI), Natural Language Processing (NLP) und insbesondere ChatGPT für die Finanzbranche ist in den letzten Jahren enorm gewachsen und bietet vielfältige Einsatzmöglichkeiten zur Optimierung von Prozessen. In diesem Buch werden die verschiedenen Anwendungsbereiche von ChatGPT in Finanzabteilungen sowie die Vorteile und Herausforderungen bei der Implementierung dieser Technologie betrachtet.

Zu den potenziellen Vorteilen des Einsatzes von KI und ChatGPT in der Finanzbranche zählen Automatisierung von Routineaufgaben, datenbasierte Entscheidungsfindung und Erkennung von Betrugsversuchen oder Anomalien in Finanzdaten. Für eine erfolgreiche Implementierung müssen Unternehmen geeignete Use Cases auswählen, ChatGPT in bestehende IT-Infrastrukturen integrieren und Best Practices für dessen Nutzung entwickeln. Weiterhin sind Datenschutz und Datensicherheit von besonderer Bedeutung, um regulatorische Anforderungen zu erfüllen.

Die Promptgenerierung stellt einen entscheidenden Aspekt bei der Anwendung von ChatGPT in Finanzabteilungen dar, da sie die Qualität der generierten Antworten beeinflusst. Effektive Prompts müssen klar, präzise und relevant gestaltet werden, wobei

© Der/die Autor(en), exklusiv lizenziert an Springer Fachmedien Wiesbaden GmbH, ein Teil von Springer Nature 2025

T. Hüsch et al., *Einsatzmöglichkeiten von GPT in Finance, Compliance und Audit*,
https://doi.org/10.1007/978-3-658-49460-5_1

offene und geschlossene Prompts je nach Anforderungen eingesetzt werden. Die Optimierung von ChatGPT-Antworten kann durch Anpassung von Parametern wie Temperatur oder maximaler Tokenanzahl sowie durch Iterationen und Experimentieren bei der Promptentwicklung erreicht werden.

Die OpenAI-API ermöglicht die Interaktion mit ChatGPT und ist ein zentrales Instrument für die Integration dieser Technologie in Finanzabteilungen. Bei der API-Nutzung sind Authentifizierung, Sicherheit, Anfrageanpassung, Fehlerbehandlung und Optimierung von API-Anfragen relevante Aspekte. Unternehmen müssen auch die Kosten, Rate-Limits und Updates im Zusammenhang mit der API-Nutzung berücksichtigen.

Neben ChatGPT gibt es weitere KI-Systeme und -Technologien, die für die Finanzbranche relevant sind, wie Regelsysteme, neuronale Netzwerke und Deep Learning, Machine Learning-Methoden, automatisiertes maschinelles Lernen, Reinforcement Learning und Computer Vision. Die Wahl der richtigen KI-Technologie hängt von den spezifischen Anforderungen und Zielen des jeweiligen Anwendungsfalls ab. Synergieeffekte können durch die Zusammenarbeit zwischen ChatGPT und anderen KI-Systemen erzeugt werden, um den größtmöglichen Nutzen aus der Kombination verschiedener Technologien zu ziehen.

Insgesamt stellt ChatGPT eine wichtige Ergänzung zu anderen KI-Technologien in der Finanzbranche dar, indem es textbasierte Anwendungen und Kommunikationsprozesse optimiert. Unternehmen, die diese Technologien erfolgreich nutzen möchten, müssen jedoch kontinuierlich Zusammenarbeit, Wissenstransfer und die Entwicklung innovativer Lösungen fördern und dabei ethische Aspekte sowie langfristige gesellschaftliche Auswirkungen von KI im Finanzsektor berücksichtigen.

1.2 Einleitung

Die Bedeutung von Künstlicher Intelligenz (KI) und Natural Language Processing (NLP) für die Finanzbranche ist in den letzten Jahren enorm gewachsen. Insbesondere die Entwicklung von GPT und anderen KI-Technologien hat tiefgreifende Auswirkungen auf die Arbeitsweisen in Finanzabteilungen und bietet vielfältige Möglichkeiten zur Optimierung von Prozessen und zur Erschließung neuer Geschäftspotenziale. Diese Entwicklungen haben die Motivation für den Einsatz von KI-gestützten Lösungen in der Finanzwelt weiter verstärkt.

Der Einsatz von KI und GPT in der Finanzbranche bringt zahlreiche potenzielle Vorteile mit sich. Dazu gehören beispielsweise die Automatisierung von Routineaufgaben, die Verbesserung der Entscheidungsfindung durch datenbasierte Analysen und die Erkennung von Betrugsversuchen oder Anomalien in Finanzdaten. Gleichzeitig gibt es auch Herausforderungen, wie die Anpassung von Arbeitsabläufen, die Schulung von Mitarbeitern in neuen Technologien und die Sicherstellung von Datenschutz und Datensicherheit.

Um GPT erfolgreich in Finanzabteilungen zu implementieren, müssen verschiedene Anforderungen erfüllt werden. Dazu gehört unter anderem die Auswahl geeigneter Use Cases, die Integration von GPT in bestehende IT-Infrastrukturen und die Entwicklung von Best Practices für die Nutzung von ChatGPT. Darüber hinaus müssen Mitarbeiter und Führungskräfte in den notwendigen Fähigkeiten und Kompetenzen geschult werden, um mit ChatGPT effektiv arbeiten zu können.

Datenschutz und Datensicherheit sind von besonderer Bedeutung bei der Nutzung von ChatGPT in der Finanzwelt, da Finanzdaten häufig sensibel und strengen regulatorischen Anforderungen unterliegen. Unternehmen müssen sicherstellen, dass sie bei der Implementierung und Nutzung von ChatGPT die geltenden Datenschutz- und Datensicherheitsvorschriften einhalten und angemessene Maßnahmen zum Schutz der Daten ihrer Kunden und Geschäftspartner ergreifen.

Dieses Buch fügt sich in den Kontext aktueller Entwicklungen und Diskussionen rund um KI und ChatGPT in der Finanzbranche ein und bietet wertvolle Einblicke in die Möglichkeiten und Herausforderungen, die sich aus der Einführung von GPT in Finanzabteilungen ergeben. Durch die Darstellung konkreter Praxisbeispiele und die Identifizierung von Best Practices trägt es dazu bei, die Vorteile von KI-gestützten Lösungen in der Finanzwelt zu erschließen und mögliche Stolpersteine bei der Implementierung zu überwinden.

Insgesamt bietet dieses Buch eine umfassende Betrachtung des Einsatzes von ChatGPT in den Finanzabteilungen eines Unternehmens und trägt dazu bei, ein besseres Verständnis für die Potenziale und Herausforderungen von KI und GPT in der Finanzbranche zu entwickeln. Es richtet sich an Wissenschaftler, Praktiker und Entscheidungsträger, die sich mit der Frage beschäftigen, wie KI-Technologien die Finanzbranche verändern und wie Unternehmen diese Technologien erfolgreich nutzen können, um Wettbewerbsvorteile zu erzielen und zukunftsfähige Geschäftsmodelle zu entwickeln.

Der zunehmende Einsatz von ChatGPT und anderen KI-Technologien in der Finanzbranche verdeutlicht die Notwendigkeit einer interdisziplinären Zusammenarbeit zwischen Wissenschaft, Industrie und Regulierungsbehörden. Nur durch einen intensiven Austausch von Wissen und Erfahrungen können die vielfältigen Herausforderungen bei der Implementierung von KI-gestützten Lösungen gemeistert und zukunftsfähige Rahmenbedingungen für den Einsatz von ChatGPT geschaffen werden.

In diesem Zusammenhang ist es wichtig, die Diskussion über die ethischen Aspekte der Nutzung von Künstlicher Intelligenz und insbesondere ChatGPT in der Finanzbranche nicht zu vernachlässigen. Fragen der Verantwortung, Transparenz und Fairness müssen ebenso berücksichtigt werden wie die möglichen sozialen und ökonomischen Auswirkungen der Automatisierung von Arbeitsprozessen und die Ausgestaltung von Regulierung und Gesetzgebung im Zusammenhang mit KI-Anwendungen.

Die in diesem Buch vorgestellten Best Practices für den Einsatz von ChatGPT in Finanzabteilungen bieten einen wertvollen Ausgangspunkt für Unternehmen, die KI-Technologien in ihre Arbeitsabläufe integrieren möchten. Sie zeigen auf, wie der erfolgreiche Einsatz von ChatGPT in der Praxis aussehen kann und wie Unternehmen von den Möglichkeiten der Künstlichen Intelligenz profitieren können, ohne dabei die mit der Einführung verbundenen Risiken zu vernachlässigen.

Schließlich ist es von entscheidender Bedeutung, die langfristigen gesellschaftlichen Auswirkungen von ChatGPT und Künstlicher Intelligenz im Finanzsektor im Auge zu behalten. Die zunehmende Automatisierung von Arbeitsprozessen und die damit verbundenen Veränderungen der Arbeitswelt erfordern eine vorausschauende Planung und die Entwicklung von Strategien, um möglichen negativen Auswirkungen entgegenzuwirken und Chancen zu nutzen.

1.3 Promptgenerierung

Die Promptgenerierung spielt eine entscheidende Rolle bei der Anwendung von ChatGPT im Finanzbereich eines Unternehmens. Grundlagen der Promptgenerierung für ChatGPT beinhalten das Verständnis der Bedeutung von Eingabeaufforderungen, die Art und Weise, wie sie strukturiert sind und wie sie die Qualität der generierten Antworten beeinflussen. Einige wichtige Aspekte bei der Gestaltung effektiver Prompts umfassen die Klarheit, die Präzision und die Relevanz der Fragestellung.

► **Definition Prompt** Ein „Prompt" in ChatGPT ist im Grunde eine Eingabeaufforderung oder eine Eingabe, die dem Modell gegeben wird, um eine bestimmte Art von Antwort oder Ausgabe zu generieren. Man kann es als den „Auslöser" für die KI betrachten, um eine Konversation zu beginnen oder fortzusetzen.

Das Prompt kann eine Vielzahl von Formen annehmen, abhängig von der spezifischen Aufgabe oder dem Kontext. Es könnte eine Frage sein, ein Satz, der vervollständigt werden soll, eine Aussage, auf die reagiert werden soll, oder einfach nur ein Wort oder eine Phrase, die als Startpunkt für eine generierte Textausgabe dient.

Die Art und Weise, wie das Prompt formuliert wird, kann einen erheblichen Einfluss auf die Art der generierten Antworten haben. Prompts können so konzipiert sein, dass sie offen, spezifisch, kreativ oder direktiv sind, je nachdem, welches Ergebnis angestrebt wird.

Offene und geschlossene Prompts unterscheiden sich in ihrem Ansatz. Während offene Prompts den Benutzer dazu ermutigen, ausführlichere und kreativere Antworten zu geben, zielen geschlossene Prompts auf eine spezifische, prägnante Antwort ab. Die Wahl des richtigen Prompt-Typs hängt von den Anforderungen des jeweiligen Anwendungsfalls ab.

Best Practices für die Formulierung von Prompts in Finanzabteilungen umfassen die Verwendung von Fachbegriffen, die Berücksichtigung von Kontextinformationen und die Anpassung an die spezifischen Bedürfnisse der Finanzfachleute. Techniken zur Verbesserung der Qualität von ChatGPT-Antworten durch Prompt-Anpassungen können darin bestehen, die Fragestellung zu präzisieren, zusätzliche Informationen bereitzustellen oder Rückfragen zu formulieren, die die KI dazu anregen, tiefere Erkenntnisse zu liefern.

Die Verwendung von System- und Benutzereinstellungen zur Steuerung von ChatGPT-Antworten ermöglicht es, die Qualität und Relevanz der Antworten weiter zu optimieren. Dies kann durch Anpassung von Parametern wie der Temperatur oder der maximalen Tokenanzahl erfolgen.

Die „Temperatur" in ChatGPT ist ein Parameter, der die Zufälligkeit oder Vorhersagbarkeit der vom Modell generierten Antworten steuert. Eine höhere Temperatur (z. B. 1,0 oder höher) führt zu mehr Variabilität und Kreativität in den Antworten, während eine niedrigere Temperatur (z. B. 0,1) zu vorhersehbaren und konsistenteren Antworten führt. Es ist ein wichtiger Faktor, um den Grad der kreativen Freiheit zu steuern, den das Modell bei der Textgenerierung hat.

Die maximale Tokenanzahl in ChatGPT bezeichnet die Obergrenze der Anzahl an Tokens, die das Modell in einer einzigen Antwort generieren kann. Ein Token kann ein einzelnes Wort, ein Teil eines Wortes oder sogar ein einzelnes Zeichen sein, abhängig von der Sprache und der Art der Tokenisierung. Die Beschränkung der maximalen Tokenanzahl hilft, die Länge und Qualität der generierten Textantworten zu steuern.

Experimentieren und Iterationen bei der Promptentwicklung sind entscheidend für den Erfolg der Anwendung von ChatGPT im Finanzbereich. Anpassungen an Prompts für unterschiedliche Anwendungsfälle in der Finanzbranche können dazu führen, dass ChatGPT effektiver in spezifischen Szenarien wie der Erstellung von Berichten, der Analyse von Finanzdaten oder der Beantwortung von Kundenanfragen eingesetzt wird.

Evaluierung und Messung der Leistung von ChatGPT basierend auf verschiedenen Prompts ist ein wesentlicher Aspekt des Optimierungsprozesses. Durch den Vergleich von Ergebnissen, die auf unterschiedlichen Eingabeaufforderungen basieren, können Fachleute diejenigen identifizieren, die am besten zu qualitativ hochwertigen Antworten führen.

Die Zusammenarbeit von Experten und ChatGPT bei der Entwicklung von effektiven Prompts für den Finanzbereich trägt dazu bei, die Qualität der generierten Informationen zu erhöhen und den Nutzen für die Finanzabteilungen zu maximieren. Durch die Kombination von Fachwissen und der Fähigkeit von ChatGPT, komplexe Zusammenhänge und Muster zu erkennen, können Prompts entwickelt werden, die sowohl präzise als auch nützlich für den Finanzsektor sind.

1.4 API-Schnittstelle

Die Grundlagen der OpenAI-API und ihre Rolle in der Integration von GPT sind entscheidend für Unternehmen, die ChatGPT in ihren Finanzabteilungen einsetzen möchten. Die OpenAI-API ermöglicht die Interaktion mit dem GPT-Modell und stellt eine Schnittstelle zur Verfügung, über die Anwendungen ChatGPT-Anfragen senden und Antworten empfangen können.

Die Anforderungen und Voraussetzungen für die Nutzung der OpenAI-API

- eine Internetverbindung
- ein OpenAI-Konto
- einen gültigen API-Schlüssel
- Darüber hinaus müssen Entwickler über Kenntnisse in einer Programmiersprache verfügen, die HTTP-Anfragen unterstützt, um die API effektiv nutzen zu können.

Authentifizierung und Sicherheit sind entscheidend bei der Verwendung der API. Der API-Schlüssel dient als Authentifizierungstoken und sollte sicher aufbewahrt und geschützt werden, um unbefugten Zugriff zu verhindern. Bei der Kommunikation mit der API sollten Entwickler immer verschlüsselte Verbindungen (HTTPS) verwenden, um die Sicherheit der übertragenen Daten zu gewährleisten.

Die Anpassung von API-Anfragen für spezifische Anwendungsfälle in Finanzabteilungen ist wichtig, um die Leistung von ChatGPT zu optimieren. Entwickler sollten die API-Anfrageparameter, wie zum Beispiel die Prompts, die Maximalantwortlänge und die Temperatureinstellung, an die spezifischen Anforderungen der Finanzanwendung anpassen.

Verarbeitung und Interpretation von API-Antworten in Finanzanwendungen erfordern eine sorgfältige Extraktion und Verwendung der relevanten Informationen aus den API-Antworten. Die ChatGPT-Antworten werden im JSON-Format zurückgegeben und müssen entsprechend in die Finanzanwendung integriert werden.

Die Rate-Limits, Kosten und Abonnementpläne für die API-Nutzung variieren je nach gewähltem Plan. Unternehmen sollten den für sie am besten geeigneten Plan auswählen, der sowohl ihre Anforderungen an die Anzahl der API-Anfragen als auch ihr Budget erfüllt.

Fehlerbehandlung und Fehlercodes in der OpenAI-API sind wichtig, um auf Probleme bei der Verwendung der API angemessen reagieren zu können. Entwickler sollten mit den verschiedenen Fehlercodes vertraut sein und entsprechende Fehlerbehandlungsroutinen in ihre Anwendungen implementieren.

Die Optimierung von API-Anfragen für Leistung und Effizienz ist entscheidend, um die bestmögliche Nutzung der API-Ressourcen zu gewährleisten. Entwickler sollten darauf achten, die Anzahl der API-Anfragen zu minimieren, unnötige Anfragen zu vermeiden und die Antwortlänge an die tatsächlichen Anforderungen der Finanzanwendung anzupassen.

Monitoring und Analyse von API-Nutzungsstatistiken helfen Unternehmen, den API-Verbrauch im Auge zu behalten und mögliche Engpässe oder Probleme frühzeitig zu erkennen. OpenAI stellt Werkzeuge zur Verfügung, mit denen Unternehmen ihre API-Nutzung überwachen und analysieren können.

Schließlich ist die Berücksichtigung von API-Updates, Versionskontrolle und Abwärtskompatibilität in Bezug auf GPT von großer Bedeutung. Entwickler sollten immer auf dem Laufenden bleiben, um über Änderungen und Updates der OpenAI-API informiert zu sein. Bei der Implementierung von ChatGPT in Finanzabteilungen ist es wichtig, sicherzustellen, dass die Anwendung mit zukünftigen Versionen der API kompatibel bleibt, um mögliche Auswirkungen auf die Funktionalität und Leistung der Anwendung zu minimieren.

Zusammenfassend ist die OpenAI-API ein wesentliches Instrument für die Integration von ChatGPT in Finanzabteilungen. Durch das Verständnis der API-Grundlagen, Authentifizierung, Anpassung, Fehlerbehandlung und Optimierung können Unternehmen die Leistungsfähigkeit von ChatGPT effektiv nutzen und in ihre Finanzanwendungen integrieren. Die Beachtung von Sicherheitsaspekten, Kostenmanagement und zukünftiger API-Entwicklungen gewährleistet eine erfolgreiche Implementierung und langfristigen Einsatz von ChatGPT in der Finanzbranche.

1.5 Exkurs: Alternative KI-Systeme und -Technologien im Vergleich zu ChatGPT

Während ChatGPT eine beeindruckende Technologie ist, gibt es auch andere KI-Systeme und -Technologien, die in der Finanzbranche eingesetzt werden können. Im Folgenden sollen einige dieser Alternativen und ihre jeweiligen Anwendungsbereiche sowie ihre Stärken und Schwächen gegenüber ChatGPT betrachtet werden.

Regelsysteme und wissensbasierte KI-Ansätze sind seit langem in der Finanzbranche im Einsatz. Sie basieren auf vordefinierten Regeln und logischen Abläufen, um Entscheidungen zu treffen oder Prozesse zu automatisieren. Solche Systeme können in Bereichen wie Compliance, Risikomanagement und Betrugsprävention eingesetzt werden. Im Gegensatz zu ChatGPT sind sie jedoch weniger flexibel und anpassungsfähig an Veränderungen in der Finanzwelt.

Neuronale Netzwerke und Deep Learning sind Schlüsseltechnologien für eine Vielzahl von Anwendungen im Finanzsektor. Sie können zur Vorhersage von Aktienkursen, Analyse von Kreditrisiken oder Identifizierung von Betrugsmustern verwendet werden. Während ChatGPT auch auf neuronalen Netzwerken basiert, liegt der Schwerpunkt hier auf Natural Language Processing (NLP), welches eine wichtige Rolle in der Finanzkommunikation spielt, indem es den Umgang mit unstrukturierten Textdaten erleichtert und Automatisierungspotenzial in Kommunikations- und Berichtsprozessen bietet.

Machine Learning-Methoden wie Entscheidungsbäume und Clustering bieten effektive Möglichkeiten zur Analyse von Finanzdaten. Sie können zur Segmentierung von Kunden, Erkennung von Anomalien in Transaktionsdaten oder Optimierung von Portfolios eingesetzt werden. Im Gegensatz dazu ist ChatGPT besser geeignet für textbasierte Anwendungen und weniger für die direkte Analyse von numerischen Finanzdaten.

Automatisiertes maschinelles Lernen (AutoML) ermöglicht es, komplexe Modelle und Algorithmen mit geringem Aufwand für den Menschen zu erstellen. AutoML kann in Finanzprozessen eingesetzt werden, um schnell und effizient Vorhersagemodelle für Kreditrisiken oder Aktienkursprognosen zu entwickeln. Reinforcement Learning wiederum ist ein Ansatz, der für Entscheidungsfindung und Risikomanagement im Finanzsektor eingesetzt werden kann, indem es Agenten trainiert, optimale Entscheidungen in unsicheren und dynamischen Umgebungen zu treffen.

Schließlich kann Computer Vision zur Automatisierung von Dokumentenverarbeitung und -analyse eingesetzt werden. Dies kann beispielsweise bei der Extraktion von Informationen aus gescannten Dokumenten, der Klassifizierung von Bildern oder der Verarbeitung von Definition „handschriftlichen Unterschriften" genutzt werden.

Insgesamt bietet die KI-Landschaft eine Vielzahl von Technologien und Ansätzen, die in der Finanzbranche eingesetzt werden können. ChatGPT, als ein auf NLP fokussiertes KI-System, stellt dabei eine wichtige Ergänzung zu anderen Technologien dar und ermöglicht es, textbasierte Anwendungen und Kommunikationsprozesse zu optimieren. Die Wahl der richtigen KI-Technologie hängt von den spezifischen Anforderungen und Zielen des jeweiligen Anwendungsfalls ab. Es ist daher entscheidend, ein tiefes Verständnis der Stärken und Schwächen jeder Technologie sowie deren Eignung für die geplanten Aufgaben zu erlangen.

Die Zusammenarbeit zwischen ChatGPT und anderen KI-Systemen kann in vielen Fällen Synergieeffekte erzeugen. Zum Beispiel kann ein Machine Learning-Modell zur Vorhersage von Finanzkennzahlen mit ChatGPT kombiniert werden, um automatisierte Berichte und Analysen in natürlicher Sprache zu erstellen. In ähnlicher Weise kann ChatGPT zur Verbesserung der Benutzerfreundlichkeit von regelbasierten oder wissensbasierten KI-Systemen eingesetzt werden, indem es den Benutzern ermöglicht, ihre Anfragen in natürlicher Sprache zu stellen und leicht verständliche Antworten zu erhalten.

Die heutige Zeit ist bekannt für ihre schnellen Veränderungen und die Notwendigkeit an die Unternehmen, sich an neue regulatorische Anforderungen, Marktbedingungen und Technologien anzupassen. In diesem dynamischen Umfeld ist es wichtig, KI-Systeme wie ChatGPT nicht als isolierte Lösungen zu betrachten, sondern als Teil eines breiteren Technologie-Ökosystems, das fortlaufend weiterentwickelt und optimiert werden muss. Dies erfordert eine enge Zusammenarbeit zwischen Fachexperten aus der Finanzbranche, Data Scientists, Softwareentwicklern und KI-Spezialisten, um den größtmöglichen Nutzen aus der Kombination verschiedener KI-Technologien zu ziehen.

Abschließend lässt sich festhalten, dass ChatGPT und andere KI-Systeme ein enormes Potenzial für die Finanzbranche bieten. Jede Technologie hat ihre eigenen Stärken und Schwächen, und es ist wichtig, diese in den jeweiligen Anwendungsbereichen sorgfältig abzuwägen. Durch eine gezielte Kombination von KI-Technologien, die sich gegenseitig ergänzen und unterstützen, können Finanzabteilungen ihre Effizienz steigern, neue Erkenntnisse gewinnen und innovative Lösungen für die Herausforderungen der Branche entwickeln.

References

Kollmann, T., Digital Entrepreneurship, 2022, https://doi.org/10.1007/978-3-658-37260-6
Paaß, G./Gisselbach, S., Foundation Models for Natural Language Processing, 2023, https://doi.org/10.1007/978-3-031-23190-2
Pertlwieser, M., Das Richtige digitalisieren, 2022, https://doi.org/10.1007/978-3-658-35447-3
Schneider, T., Digitalisierung und Künstliche Intelligenz, 2022, https://doi.org/10.1007/978-3-658-33860-2

2 Vorteile von GPT

Um die Audioversion dieses Kapitels zu hören, klicken Sie auf den Link oder scannen Sie ihn mit der Springer Nature More Media App:
► sn.pub/0hthqc

Die Einführung von ChatGPT in Finanzabteilungen kann erhebliche Vorteile bringen, indem sie die Effizienz erhöht und den Arbeitsaufwand für Routineaufgaben reduziert. Durch die Automatisierung solcher Aufgaben können Mitarbeiter ihre Zeit auf höherwertige, strategische Tätigkeiten konzentrieren. Die KI-unterstützte Verarbeitung von Finanzdaten trägt zudem dazu bei, die Genauigkeit und Konsistenz von Analysen zu erhöhen, was wiederum eine fundierte Entscheidungsfindung ermöglicht.

Mit der schnellen Informationsverarbeitung und Analyse, die ChatGPT bietet, können Finanzabteilungen die Entscheidungsfindung beschleunigen. Dies ist besonders wichtig in einer sich schnell verändernden Geschäftsumgebung, in der schnelle und gut informierte Entscheidungen Wettbewerbsvorteile verschaffen können. Durch die Reduzierung manueller Arbeitsaufwände und menschlicher Fehler können Unternehmen zudem Kosteneinsparungen erzielen und ihre Ressourcen effizienter einsetzen.

Die Verarbeitung großer Datenmengen durch ChatGPT eröffnet neue Analysemethoden und -werkzeuge, die bisher möglicherweise aufgrund von Kapazitäts- oder Zeitbeschränkungen nicht verfügbar waren. Diese erweiterten Analysemöglichkeiten können dazu beitragen, bessere Einblicke in das Geschäft zu gewinnen und neue Chancen zu identifizieren. Die automatisierten Compliance-Checks, die ChatGPT ermöglicht, unterstützen

© Der/die Autor(en), exklusiv lizenziert an Springer Fachmedien Wiesbaden GmbH, ein Teil von Springer Nature 2025

T. Hüsch et al., *Einsatzmöglichkeiten von GPT in Finance, Compliance und Audit*,
https://doi.org/10.1007/978-3-658-49460-5_2

Finanzabteilungen bei der Einhaltung regulatorischer Anforderungen und reduzieren das Risiko von Verstößen und den damit verbundenen Strafen.

Ein weiterer Vorteil von ChatGPT ist die Verbesserung der Zusammenarbeit zwischen Finanzabteilungen und anderen Geschäftsbereichen. Durch die Bereitstellung leicht verständlicher Berichte und Analysen können Finanzexperten ihre Erkenntnisse effektiv mit ihren Kollegen teilen und so eine stärkere Abstimmung innerhalb des Unternehmens fördern. Die Identifizierung neuer Geschäftsmöglichkeiten und die Verbesserung des Risikomanagements, die ChatGPT ermöglicht, können Innovation und Wachstum vorantreiben und dem Unternehmen helfen, sich in einem wettbewerbsintensiven Marktumfeld zu behaupten.

Die Skalierbarkeit und Anpassungsfähigkeit von ChatGPT stellen sicher, dass es für Unternehmen unterschiedlicher Größen und Anforderungen geeignet ist. Dies bedeutet, dass sowohl kleine als auch große Organisationen von den Vorteilen profitieren können, die KI-gestützte Finanzprozesse bieten. Insgesamt bietet der Einsatz von ChatGPT in Finanzabteilungen eine Reihe von Vorteilen, die dazu beitragen können, die Effizienz, Genauigkeit und Geschwindigkeit von Finanzprozessen zu verbessern und gleichzeitig das Potenzial für Innovation und Wachstum zu erschließen.

2.1 Zusammenfassung

Dieses Kapitel konzentriert sich auf die vielfältigen Vorteile, die der Einsatz von ChatGPT in den Bereichen Finanzen, Compliance und Auditing bieten kann. Die natürlichsprachliche Interaktion mit KI-Systemen verbessert die Kommunikation und Produktivität, während die Anpassungsfähigkeit und Skalierbarkeit von ChatGPT ermöglichen, dass Unternehmen unterschiedlicher Größen und Branchen die Technologie an ihre Bedürfnisse anpassen können.

ChatGPT kann Entscheidungsprozesse beschleunigen, Fehler reduzieren und durch analytische Fähigkeiten und Mustererkennung bei der Lösung komplexer Probleme unterstützen. Darüber hinaus fördert es Zusammenarbeit und Kreativität durch KI-gestützte Brainstorming-Sitzungen und Ideengenerierung. Die Verbesserung der Datensicherheit und -integrität durch kontinuierliches Monitoring und automatisierte Prüfung erhöht die Datensicherheit und Compliance. Zeit- und Kostenersparnisse durch Automatisierung von Routineaufgaben tragen zur Effizienzsteigerung bei, während die Förderung des lebenslangen Lernens und der Weiterbildung durch den Einsatz von GPT als Lern- und Lehrassistent dazu beiträgt, das Fachwissen und die Wettbewerbsfähigkeit von Finanzabteilungen zu stärken.

Es werden drei Hauptbereiche hervorgehoben: Produktivitätsgewinne, menschliches Interface und Berücksichtigung umfassender Informationen. Im Bereich der Produktivitätsgewinne trägt der Einsatz von ChatGPT zu einer effizienteren Informationsbeschaffung und -verarbeitung bei, automatisiert Arbeitsabläufe und unterstützt schnelle Onboarding-Prozesse. Die natürlichsprachlichen Fähigkeiten von KI-Systemen wie ChatGPT erleichtern die Zusammenarbeit und Kommunikation, während die kontinuierliche Lernfähigkeit es ermöglicht, proaktiv und agil auf sich ändernde Anforderungen zu reagieren.

Beim menschlichen Interface steht die natürliche Sprachverarbeitung (NLP) im Vordergrund, die benutzerfreundliche Interaktionen und effektivere Kommunikation ermöglicht. ChatGPT trägt zur Barrierefreiheit und Inklusion bei und unterstützt die kollaborative Problemlösung. Zudem ermöglicht es personalisierte und zielgerichtete Informationsbereitstellung sowie schnelle Reaktionszeiten und Verfügbarkeit rund um die Uhr.

Im Bereich der Berücksichtigung umfassender Informationen ermöglicht ChatGPT die effiziente Analyse großer Datenmengen und fördert eine umfassende Analyse von Informationen. Die kontinuierliche Aktualisierung von Wissen unterstützt zeitnahe Entscheidungsfindung, während kritische Bewertungen von Informationen und Zusammenfassung komplexer Daten für besseres Verständnis sorgen. Die Anpassung an sich ändernde Informationsbedürfnisse der Benutzer zeigt die Flexibilität von ChatGPT in verschiedenen Anwendungsfällen. Insgesamt unterstützt ChatGPT die Entscheidungsfindung durch umfassende Analysen, die den Finanzexperten helfen, fundierte Entscheidungen zu treffen und die Wahrscheinlichkeit erfolgreicher Ergebnisse zu erhöhen.

2.2 Vorteile

Die Verbesserung der Kommunikation durch natürlichsprachliche Interaktion mit KI-Systemen ermöglicht es Finanzfachleuten, effizienter und effektiver zu kommunizieren. Diese intuitive Schnittstelle kann die Produktivität steigern, indem sie die Zeit reduziert, die benötigt wird, um Informationen abzurufen oder komplexe Anfragen zu bearbeiten.

Die Anpassungsfähigkeit und Skalierbarkeit von ChatGPT ermöglicht es Unternehmen unterschiedlicher Größen und Branchen, die Technologie auf ihre spezifischen Bedürfnisse zuzuschneiden. Diese Flexibilität trägt dazu bei, dass KI-Systeme den sich ständig ändernden Anforderungen des Finanzsektors gerecht werden und sich nahtlos in bestehende Prozesse und Infrastrukturen integrieren lassen.

ChatGPT kann Entscheidungsprozesse beschleunigen, indem es schnelle Informationsbeschaffung und -analyse bietet. Diese Fähigkeit, große Datenmengen zu durchsuchen und relevante Informationen präzise und zeitnah zu extrahieren, kann Finanzexperten dabei helfen, fundierte Entscheidungen zu treffen und auf neue Marktbedingungen zu reagieren.

Die Reduzierung von Fehlern durch Konsistenz und Genauigkeit bei der Informationsverarbeitung ist ein weiterer Vorteil von ChatGPT. Durch den Einsatz von KI-Systemen können Finanzabteilungen menschliche Fehler reduzieren und die Qualität ihrer Analysen und Prognosen verbessern. Dies führt zu einer erhöhten Zuverlässigkeit und Vertrauenswürdigkeit der Finanzberichterstattung.

Die Unterstützung bei der Lösung komplexer Probleme durch analytische Fähigkeiten und Mustererkennung ermöglicht es Finanzfachleuten, innovative Lösungen für schwierige Herausforderungen zu entwickeln. ChatGPT kann dazu beitragen, neue Perspektiven aufzuzeigen und verborgene Zusammenhänge in Finanzdaten zu identifizieren, die sonst möglicherweise übersehen würden.

Förderung der Zusammenarbeit und Kreativität durch KI-gestützte Brainstorming-Sitzungen und Ideengenerierung kann das kreative Potenzial von Finanzteams freisetzen. ChatGPT kann als Kollaborationswerkzeug eingesetzt werden, um neue Ansätze und Strategien für Finanzmanagement, Risikobewertung und Investitionsplanung zu entwickeln.

Die Verbesserung der Datensicherheit und -integrität durch kontinuierliches Monitoring und automatisierte Prüfung stellt sicher, dass Finanzdaten geschützt und auf dem neuesten Stand gehalten werden. ChatGPT kann dazu beitragen, potenzielle Sicherheitsrisiken zu erkennen und auf Unstimmigkeiten in Finanzdaten hinzuweisen, was zu einer höheren Datensicherheit und einer verbesserten Compliance führt.

Zeit- und Kostenersparnis durch die Automatisierung von Routineaufgaben und Prozessen kann die Effizienz von Finanzabteilungen erheblich steigern. ChatGPT kann dabei helfen, zeitaufwendige manuelle Aufgaben wie Berichterstellung, Datenverarbeitung und Recherchearbeiten zu automatisieren, wodurch Finanzexperten mehr Zeit für strategische und wertschöpfende Tätigkeiten gewinnen.

Die Förderung des lebenslangen Lernens und der Weiterbildung durch den Einsatz von GPT als Lern- und Lehrassistent kann dazu beitragen, dass Finanzfachleute ihre Kompetenzen kontinuierlich erweitern und auf dem neuesten Stand halten. Indem ChatGPT als Ressource für Schulungen, Wissensmanagement und Fachwissen zur Verfügung steht, kann es die Qualität der Entscheidungsfindung verbessern und die Wettbewerbsfähigkeit von Finanzabteilungen stärken.

Insgesamt bietet ChatGPT ein breites Spektrum an Anwendungsmöglichkeiten für Finanzabteilungen, von der Verbesserung der Kommunikation und Entscheidungsfindung bis hin zur Automatisierung von Routineaufgaben und Förderung von Kreativität und Zusammenarbeit. Durch die intelligente Nutzung dieser Technologie können Unternehmen ihre Effizienz steigern, Kosten reduzieren und innovative Lösungen für die Herausforderungen im Finanzsektor entwickeln.

2.2.1 Produktivitätsgewinne

In Finanzabteilungen kann der Einsatz von ChatGPT zu einer effizienteren Informationsbeschaffung und -verarbeitung beitragen. Durch die Automatisierung von Arbeitsabläufen und die Bereitstellung schnellerer und präziserer Ergebnisse kann das KI-System dazu beitragen, die Qualität der Arbeit zu verbessern und Geschäftsprozesse auf der Grundlage von datenbasierten Entscheidungen zu optimieren.

Eine der wesentlichen Vorteile von KI-gestützten Systemen wie ChatGPT ist die Beschleunigung von Arbeitsabläufen durch die Automatisierung von Routineaufgaben und Prozessen. Dadurch wird das Zeitmanagement der Mitarbeiter verbessert, indem sie sich auf Priorisierung und Organisation von Aufgaben konzentrieren können, ohne durch Arbeitsunterbrechungen und Ablenkungen beeinträchtigt zu werden.

Die Entlastung von monotonen Tätigkeiten kann auch zu einer Steigerung der Mitarbeiterzufriedenheit führen, da sie mehr Zeit für strategische und wertschöpfende Aufgaben haben. Darüber hinaus ermöglicht die KI-gestützte Automatisierung einen schnelleren Onboarding-Prozess für neue Mitarbeiter, indem sie relevante Informationen und Schulungen bereitstellt, um ihnen den Einstieg in ihre Rolle zu erleichtern.

Die natürlichsprachlichen Fähigkeiten von KI-Systemen wie ChatGPT erleichtern die Zusammenarbeit und Kommunikation innerhalb der Finanzabteilung und darüber hinaus. Indem sie komplexe Finanzinformationen in verständlicher Sprache präsentieren und auf Anfragen in Echtzeit reagieren, können diese Systeme dazu beitragen, Missverständnisse zu reduzieren und den Informationsaustausch zu beschleunigen.

Schließlich ermöglicht die kontinuierliche Lernfähigkeit von ChatGPT eine Anpassungsfähigkeit an sich ändernde Marktbedingungen und regulatorische Anforderungen. Durch die ständige Aktualisierung seines Wissens und die Verbesserung seiner Fähigkeiten kann das KI-System dazu beitragen, dass Finanzabteilungen proaktiv und agil auf Veränderungen reagieren und ihre Geschäftsstrategien entsprechend anpassen.

2.2.2 Menschliches Interface

Die natürliche Sprachverarbeitung (NLP) ermöglicht es ChatGPT, benutzerfreundliche Interaktionen durch Verständnis und Generierung menschenähnlicher Kommunikation bereitzustellen. Durch Emotionale Intelligenz und Empathie kann das KI-System auf menschliche Emotionen eingehen und somit effektivere und empathischere Kommunikation schaffen. ChatGPT ist in der Lage, sich an individuelle Kommunikationsstile und Präferenzen anzupassen, was eine personalisierte Interaktion mit Benutzern ermöglicht.

Zudem trägt ChatGPT zur Barrierefreiheit und Inklusion bei, indem es vielfältige Kommunikationsmöglichkeiten bietet, die auf unterschiedliche Bedürfnisse eingehen. Kontextsensitivität und situationsgerechte Antworten sind wesentliche Merkmale der KI, die es ermöglichen, angemessene und relevante Informationen in verschiedenen Situationen bereitzustellen. Die kollaborative Problemlösung durch Mensch-KI-Interaktion fördert eine effizientere und zielgerichtete Herangehensweise an komplexe Herausforderungen in der Finanzbranche.

Personalisierte und zielgerichtete Informationsbereitstellung ist ein weiterer Vorteil von ChatGPT, der den Benutzern hilft, relevante und nützliche Informationen in Echtzeit zu erhalten. Die kulturelle Sensibilität und die Anpassungsfähigkeit an verschiedene Sprachen und Dialekte erweitern die Reichweite von ChatGPT und ermöglichen eine effektive

Kommunikation mit Benutzern aus unterschiedlichen kulturellen Hintergründen. Proaktive Unterstützung durch Erkennen von Benutzerbedürfnissen ist ein zusätzlicher Vorteil, der dazu beiträgt, die Produktivität und Effizienz der Mitarbeiter in der Finanzabteilung zu steigern.

Schließlich sind schnelle Reaktionszeiten und die Verfügbarkeit rund um die Uhr entscheidende Faktoren, die den Einsatz von ChatGPT im Finanzbereich attraktiv machen. Durch die ständige Verfügbarkeit und unmittelbare Antwortfähigkeit kann das KI-System den Anwendern helfen, ihre Aufgaben effizienter zu bewältigen und mögliche Verzögerungen im Arbeitsablauf zu reduzieren.

2.2.3 Berücksichtigung umfassender Informationen

Die Fähigkeit von ChatGPT, große Datenmengen effizient zu analysieren, ermöglicht es Finanzabteilungen, wertvolle Erkenntnisse aus ihren Datensätzen zu gewinnen. Die Integration von Informationen aus verschiedenen Quellen und Formaten erleichtert die Zusammenführung relevanter Daten und fördert eine umfassende Analyse der verfügbaren Informationen. Mithilfe der Erkennung von Mustern und Trends in Daten kann ChatGPT verborgene Zusammenhänge aufdecken und Finanzexperten bei der Identifizierung von Chancen und Risiken unterstützen.

Ein weiterer Vorteil von ChatGPT besteht darin, dass es kontinuierlich sein Wissen und die verfügbaren Informationen aktualisiert, was eine zeitnahe und fundierte Entscheidungsfindung ermöglicht. Die Anwendung von maschinellem Lernen zur Verbesserung der Ergebnisqualität trägt dazu bei, dass die generierten Analysen und Empfehlungen immer genauer und relevanter werden. Kritische Bewertungen von Informationen sind entscheidend, um unerwünschte Verzerrungen in der Informationsverarbeitung zu minimieren und die Qualität der daraus resultierenden Erkenntnisse zu gewährleisten.

ChatGPT ist in der Lage, komplexe Informationen zusammenzufassen und zu vereinfachen, sodass sie für Benutzer leichter verständlich sind. Dies erleichtert die Informationsaufnahme und ermöglicht eine effektivere Nutzung der verfügbaren Daten. Durch die Identifikation von Zusammenhängen und Beziehungen in Daten können zusätzliche Erkenntnisse gewonnen werden, die bei der Entscheidungsfindung von Nutzen sind.

Die Anpassung an sich ändernde Informationsbedürfnisse der Benutzer ist ein wichtiger Aspekt, der die Flexibilität von ChatGPT in verschiedenen Anwendungsfällen unterstreicht. Da sich die Anforderungen und Fragestellungen in der Finanzbranche ständig ändern, ist es entscheidend, dass KI-Systeme in der Lage sind, sich diesen Veränderungen anzupassen und weiterhin relevante Ergebnisse zu liefern.

Schließlich unterstützt ChatGPT die Entscheidungsfindung durch umfassende Analysen, die Finanzexperten dabei helfen, fundierte und gut informierte Entscheidungen zu treffen. Durch die Bereitstellung von detaillierten und relevanten Informationen können Benutzer die Auswirkungen ihrer Entscheidungen besser abschätzen und die Wahrscheinlichkeit erfolgreicher Ergebnisse erhöhen.

Literatur

Kollmann, T., Digital Entrepreneurship, 2022, https://doi.org/10.1007/978-3-658-37260-6
Pertlwieser, M., Das Richtige digitalisieren, 2022, https://doi.org/10.1007/978-3-658-35447-3
Schneider, T., Digitalisierung und Künstliche Intelligenz, 2022, https://doi.org/10.1007/978-3-658-33860-2

3 Herausforderungen und Risiken bei der Implementierung

Um die Audioversion dieses Kapitels zu hören, klicken Sie auf den Link oder scannen Sie ihn mit der Springer Nature More Media App:
▶ sn.pub/38o269

Die Implementierung von KI-Systemen wie ChatGPT in dem Finanzbereich eines Unternehmens ist mit einigen Herausforderungen und Risiken verbunden. Eine der Hauptaufgaben besteht darin, die Anpassung an organisationale Veränderungen und Prozesse zu bewältigen. Dazu gehört das Change Management, um sowohl Führungskräfte als auch Mitarbeiter von der Notwendigkeit und den Vorteilen der KI-Nutzung zu überzeugen. Dabei sollten klare Richtlinien und Standards für die KI-Nutzung entwickelt werden, um die Implementierung und den Betrieb von KI-Systemen zu steuern.

Ein weiterer wichtiger Aspekt ist die Schulung und Entwicklung von Mitarbeiterkompetenzen im Umgang mit KI. Die Einführung von KI-Systemen erfordert neue Fähigkeiten und Kenntnisse, die sowohl durch interne Schulungen als auch durch externe Weiterbildungsmaßnahmen vermittelt werden können. Dabei sollte besonderes Augenmerk auf die Identifikation von KI-Anwendungsfeldern und Potenzialen im Unternehmen gelegt werden, um den bestmöglichen Nutzen aus der Technologie zu ziehen.

Die Integration von KI-Systemen in vorhandene IT-Infrastrukturen stellt eine weitere Herausforderung dar. Es ist notwendig, dass KI-Systeme nahtlos mit bestehenden Systemen und Anwendungen interagieren können, um einen reibungslosen und effizienten

© Der/die Autor(en), exklusiv lizenziert an Springer Fachmedien Wiesbaden GmbH, ein Teil von Springer Nature 2025

T. Hüsch et al., *Einsatzmöglichkeiten von GPT in Finance, Compliance und Audit*,
https://doi.org/10.1007/978-3-658-49460-5_3

Betrieb sicherzustellen. Hierzu gehört auch die kontinuierliche Anpassung und Optimierung von KI-Systemen, um ihre Leistungsfähigkeit und Genauigkeit im Laufe der Zeit zu verbessern.

Datenschutz und Datensicherheit sind im Zusammenhang mit KI von großer Bedeutung. Unternehmen müssen sicherstellen, dass die von KI-Systemen verarbeiteten Daten sowohl in Bezug auf den Datenschutz als auch auf die Datensicherheit den gesetzlichen Anforderungen und den internen Richtlinien entsprechen. In diesem Zusammenhang sollten Unternehmen auch ethische und gesellschaftliche Fragestellungen adressieren, um mögliche negative Auswirkungen der KI-Nutzung auf Mitarbeiter, Kunden und die Gesellschaft als Ganzes zu minimieren.

Die Frage der Verantwortlichkeit und Haftung bei KI-gestützten Entscheidungen ist ein weiteres wichtiges Thema, das Unternehmen bei der Implementierung von KI-Systemen berücksichtigen müssen. Die rechtlichen Rahmenbedingungen für KI-gestützte Entscheidungsprozesse sind noch nicht vollständig geklärt, und Unternehmen müssen sicherstellen, dass sie bei der Nutzung von KI verantwortungsvoll handeln und mögliche Haftungsrisiken minimieren.

Schließlich ist die Bewertung von KI-Implementierungserfolg und -wirkung auf Unternehmensziele ein entscheidender Faktor für den Erfolg von KI-Projekten. Unternehmen sollten geeignete Kennzahlen und Kriterien entwickeln, um den Erfolg ihrer KI-Initiativen zu messen und die Auswirkungen der KI-Nutzung auf ihre Geschäftsziele zu bewerten. Dies ermöglicht es Unternehmen, ihre KI-Strategie kontinuierlich anzupassen und die bestmöglichen Ergebnisse aus ihren KI-Investitionen zu erzielen.

Die kontinuierliche Verbesserung von KI-Systemen ist ein weiterer Schwerpunkt. Unternehmen sollten Feedback von Nutzern und Experten sammeln, um ihre KI-Lösungen laufend zu optimieren und zu erweitern. Auch die Zusammenarbeit mit KI-Entwicklern und Forschern kann dabei helfen, innovative Lösungen und Anwendungsfelder zu identifizieren, die den spezifischen Bedürfnissen des Unternehmens entsprechen.

Im Rahmen der Implementierung sollten Unternehmen auch die Skalierbarkeit von KI-Systemen berücksichtigen. KI-Lösungen müssen in der Lage sein, sich an wachsende Datenmengen und veränderte Geschäftsanforderungen anzupassen, um langfristig erfolgreich zu sein. Hierzu gehört auch die Integration von KI-Systemen in die bestehende IT-Landschaft und die Sicherstellung von Interoperabilität zwischen verschiedenen Systemen und Plattformen.

KI-gestützte Systeme wie ChatGPT können in einer Vielzahl von Unternehmensbereichen eingesetzt werden, von der Automatisierung von Prozessen in der Buchhaltung bis zur Unterstützung der strategischen Entscheidungsfindung. Um das volle Potenzial von KI im Unternehmen auszuschöpfen, ist es wichtig, KI-Projekte mit einer klaren Strategie und Zielsetzung voranzutreiben und das Engagement der gesamten Organisation sicherzustellen.

Zusammenfassend ist die erfolgreiche Implementierung von KI-Systemen im Finanzbereich eines Unternehmens mit einer Reihe von Herausforderungen und Risiken verbunden. Unternehmen müssen diese Aspekte sorgfältig bewerten und eine umfassende Strategie entwickeln, um den Nutzen von KI-Lösungen voll auszuschöpfen und mögliche Risiken zu minimieren. Dabei sollten sie nicht nur technische Aspekte, sondern auch organisatorische, rechtliche und ethische Fragestellungen berücksichtigen, um eine nachhaltige und verantwortungsvolle Nutzung von KI im Unternehmen sicherzustellen.

3.1 Zusammenfassung

Bei der Implementierung von KI-Systemen wie GPT im Finanzbereich eines Unternehmens gibt es Herausforderungen, wie die Auswahl geeigneter KI-Technologien und -Plattformen, Zusammenarbeit zwischen Fachabteilungen und IT-Experten, Datenaufbereitung und -management, benötigte Rechenleistung und Überwachung der Systemleistung. Zudem sind regulatorische Anforderungen, Skalierbarkeit, Systemverfügbarkeit, Förderung einer KI-freundlichen Unternehmenskultur und ethische Aspekte von Bedeutung.

Die Implementierung erfordert ein effektives Change-Management, um die Transformation erfolgreich zu gestalten. Dazu gehört die Kommunikation der Veränderungen, Schulung der Mitarbeiter, Neugestaltung von Arbeitsabläufen und Etablierung von KI-Governance.

Limitationen von KI wie unvollständige oder verzerrte Trainingsdaten, Schwierigkeit bei Anpassung an sich ändernde Umstände, Herausforderungen bei Verständnis von natürlicher Sprache, unerwartete oder unerwünschte Ergebnisse und Sicherheits- und Datenschutzbedenken müssen berücksichtigt werden.

Ethik und KI umfassen verschiedene Aspekte wie Datenschutz und Privatsphäre, Fairness und Gerechtigkeit, Transparenz und Verantwortlichkeit, Zusammenarbeit zwischen Mensch und KI, Umweltaspekte und globale Regulierung.

Missbrauchspotenziale in der Nutzung von KI stellen eine ernste Herausforderung dar, wie KI-gestützte Desinformation, automatisierte Überwachung und Profiling, Manipulation von Verbraucherentscheidungen, Cyberangriffe, Bias-Verstärkung und Monopolisierung. Um diesen Risiken entgegenzuwirken, sind präventive Maßnahmen und Best Practices, Zusammenarbeit zwischen verschiedenen Stakeholdern und ein rechtlicher Rahmen erforderlich.

3.2 Herausforderungen

Eine der zentralen Herausforderungen bei der Implementierung von KI-Systemen wie ChatGPT im Finanzbereich eines Unternehmens besteht in der Auswahl der geeigneten KI-Technologien und -Plattformen. Die richtige Technologieauswahl ist entscheidend für den Erfolg des Projekts und sollte auf den spezifischen Bedürfnissen und Anforderungen des Unternehmens basieren. Hierbei spielen Faktoren wie Kosten, Interoperabilität und Anpassungsfähigkeit eine wichtige Rolle.

Die Zusammenarbeit und Kommunikation zwischen Fachabteilungen und KI-Experten ist ebenfalls eine wichtige Herausforderung. Um eine effektive Implementierung von KI-Systemen zu gewährleisten, müssen Unternehmen sicherstellen, dass die verschiedenen Stakeholder, wie Fachabteilungen, IT-Experten und Führungskräfte, effektiv zusammenarbeiten. Dazu gehört auch die Identifikation und Priorisierung von Use Cases, die einen realen Mehrwert für das Unternehmen bieten und einen positiven Return on Investment erzielen können.

Datenaufbereitung und -management für KI-Systeme sind weitere zentrale Herausforderungen. Die Qualität und Verfügbarkeit von Daten sind entscheidende Faktoren für den Erfolg von KI-Projekten. Unternehmen müssen daher sicherstellen, dass sie über ausreichend qualitativ hochwertige Daten verfügen, die für die spezifischen Anwendungsfälle relevant sind. Dies erfordert oft umfangreiche Datenbereinigung und -integration, um die erforderliche Datenqualität und Konsistenz zu erreichen.

Die Ermittlung und Sicherstellung der benötigten Rechenleistung ist ein weiterer wichtiger Aspekt bei der Implementierung von KI-Systemen. KI-Modelle, insbesondere solche, die auf Deep Learning basieren, benötigen oft erhebliche Rechenressourcen für das Training und die Inferenz. Unternehmen müssen daher sicherstellen, dass sie über die notwendige Infrastruktur und Rechenkapazität verfügen, um die Anforderungen der KI-Systeme zu erfüllen.

Die Messung und Überwachung der KI-Systemleistung ist ein kritischer Aspekt, um sicherzustellen, dass die Systeme den gewünschten Nutzen erzielen. Unternehmen sollten geeignete Metriken und Key Performance Indicators (KPIs) definieren, um den Erfolg von KI-Implementierungen zu bewerten und mögliche Verbesserungspotenziale zu identifizieren.

Die Berücksichtigung regulatorischer Anforderungen und Gesetze ist insbesondere im Finanzbereich von großer Bedeutung. Unternehmen müssen sicherstellen, dass die eingesetzten KI-Systeme die geltenden Vorschriften und Standards einhalten, beispielsweise im Hinblick auf Datenschutz, Compliance und Risikomanagement. Dies kann die Komplexität der Implementierung erhöhen und erfordert eine sorgfältige Planung und Zusammenarbeit mit rechtlichen und regulatorischen Experten.

Die Skalierung und Anpassung von KI-Systemen bei sich ändernden Geschäftsanforderungen ist eine weitere Herausforderung, die Unternehmen meistern müssen. KI-Lösungen sollten flexibel und anpassungsfähig sein, um auf Veränderungen in den Geschäftsprozessen und Marktanforderungen reagieren zu können. Dies erfordert eine kontinuierliche Überwachung und Anpassung der Systeme, um deren Leistung und Effizienz sicherzustellen. Eine enge Zusammenarbeit zwischen Fachabteilungen und KI-Experten ist dabei entscheidend, um die Systeme entsprechend der sich ändernden Bedürfnisse des Unternehmens weiterzuentwickeln.

Die Sicherstellung der KI-Systemverfügbarkeit und -stabilität ist ebenfalls ein kritischer Faktor für den erfolgreichen Einsatz von KI im Finanzbereich. Unternehmen müssen sicherstellen, dass die implementierten KI-Systeme zuverlässig und stabil sind und jederzeit verfügbar, um die Geschäftsprozesse und Entscheidungsfindung zu unterstützen. Dies kann durch angemessene Überwachung, Wartung und Sicherheitsmaßnahmen erreicht werden.

Schließlich ist die Förderung einer KI-freundlichen Unternehmenskultur und Akzeptanz ein entscheidender Faktor für den erfolgreichen Einsatz von KI-Systemen im Finanzbereich. Unternehmen sollten ihre Mitarbeiter in den KI-Implementierungsprozess einbeziehen und sicherstellen, dass sie über das notwendige Wissen und die Fähigkeiten verfügen, um effektiv mit den KI-Systemen zu arbeiten. Dies kann durch Schulungen, Workshops und kontinuierliche Kommunikation erreicht werden. Darüber hinaus sollte die Unternehmensführung die Bedeutung von KI für den Geschäftserfolg betonen und ein Umfeld schaffen, in dem Innovation und Experimentierfreude gefördert werden.

Insgesamt zeigt sich, dass die erfolgreiche Implementierung von KI-Systemen im Finanzbereich eines Unternehmens eine Reihe von Herausforderungen mit sich bringt. Die Bewältigung dieser Herausforderungen erfordert eine enge Zusammenarbeit zwischen verschiedenen Stakeholdern, eine sorgfältige Planung und eine KI-freundliche Unternehmenskultur. Durch die Berücksichtigung der genannten Aspekte können Unternehmen die Vorteile von KI im Finanzbereich optimal nutzen und ihre Wettbewerbsfähigkeit in einer zunehmend digitalisierten und automatisierten Welt sichern.

3.2.1 Disruptive Veränderungen und Change Management

Die Identifikation von Geschäftsprozessen, die durch die KI-Implementierung betroffen sind, ist ein zentraler Aspekt bei der Integration von KI-Systemen in den Finanzbereich eines Unternehmens. Eine umfassende Analyse dieser Prozesse ermöglicht es, die erforderlichen Anpassungen in den Arbeitsabläufen und der Organisation vorzunehmen, um eine reibungslose Implementierung sicherzustellen. In diesem Zusammenhang spielt die Entwicklung eines Change-Management-Plans eine entscheidende Rolle, um die Transformation erfolgreich zu gestalten.

Ein effektiver Change-Management-Plan sollte die Kommunikation der Veränderungen und deren Auswirkungen auf die Mitarbeiter beinhalten. Dieser Prozess umfasst die Vermittlung von Informationen über die Vorteile und Chancen der KI-Implementierung sowie die Herausforderungen und möglichen Risiken, die mit der Umstellung einhergehen. Die transparente Kommunikation fördert das Verständnis und die Akzeptanz der Veränderungen bei den Mitarbeitern und hilft, Widerstände und Ängste im Zusammenhang mit der KI-Implementierung abzubauen.

Die Schulung und Qualifizierung der Mitarbeiter für neue KI-gestützte Aufgaben ist ein weiterer wichtiger Bestandteil des Change-Management-Plans. Durch gezielte Weiterbildungsmaßnahmen können die Kompetenzen der Mitarbeiter im Umgang mit KI-Systemen gestärkt und ihre Fähigkeiten zur Erfüllung neuer, von Künstlicher Intelligenz unterstützter Funktionen entwickelt werden. Dies trägt dazu bei, die Leistungsfähigkeit und Effizienz des Unternehmens im Finanzbereich zu steigern.

Die Neugestaltung von Arbeitsabläufen und Prozessen zur Integration von KI-Systemen erfordert eine sorgfältige Analyse der bestehenden Abläufe und eine Anpassung an die neuen technologischen Möglichkeiten. Hierbei sind auch Anpassungen von Rollen und Verantwortlichkeiten in der Organisation notwendig, um den Anforderungen der KI-gestützten Arbeitsweise gerecht zu werden. Dies kann beispielsweise eine Umverteilung von Aufgaben, eine Verschiebung von Zuständigkeiten oder die Schaffung neuer Positionen zur Steuerung der KI-Systeme umfassen.

Ein weiterer kritischer Aspekt im Change-Management ist die Etablierung von KI-Governance und Entscheidungsstrukturen. Diese Strukturen sollten klare Richtlinien und Verantwortlichkeiten für die Entwicklung, Implementierung und Überwachung der KI-Systeme im Unternehmen definieren. Sie sind essenziell, um die Compliance mit regulatorischen Anforderungen und Gesetzen zu gewährleisten und die Qualität und Leistungsfähigkeit der KI-Systeme sicherzustellen.

Während der Implementierung von KI-Systemen ist eine fortlaufende Evaluierung und Anpassung des Change-Management-Plans erforderlich, um auf auftretende Herausforderungen und Veränderungen in der Organisation reagieren zu können. Dies ermöglicht es, den Plan kontinuierlich zu optimieren und die Umsetzung der Veränderungen erfolgreich zu gestalten.

Schließlich sollte die Förderung einer lernenden Organisation, die sich kontinuierlich an KI-Innovationen anpasst, ein zentrales Ziel des Change-Managements sein. Indem eine Kultur des lebenslangen Lernens und der kontinuierlichen Verbesserung gefördert wird, kann das Unternehmen seine Wettbewerbsfähigkeit im Finanzbereich erhalten und ausbauen. Dazu gehört auch, Mitarbeiter dazu zu ermutigen, offen für neue Ideen und Technologien zu sein und ihr Wissen stets auf dem neuesten Stand zu halten.

Insgesamt ist ein ganzheitlicher Change-Management-Ansatz erforderlich, um die erfolgreiche Implementierung von KI-Systemen im Finanzbereich eines Unternehmens zu gewährleisten. Die Berücksichtigung der oben genannten Aspekte hilft dabei, die betroffenen Geschäftsprozesse und Arbeitsabläufe effektiv anzupassen, die Mitarbeiter auf die neuen Anforderungen vorzubereiten und eine KI-freundliche Unternehmenskultur zu etablieren. Durch eine konsequente Umsetzung dieser Strategien kann das Unternehmen die

Vorteile der KI-Technologie im Finanzbereich voll ausschöpfen und seine Marktposition nachhaltig stärken.

3.2.2 Limitationen

Ein weiterer Aspekt, der bei der Implementierung von ChatGPT und KI-Systemen im Finanzbereich eines Unternehmens zu berücksichtigen ist, sind die Limitationen dieser Technologien. Zu den Hauptbeschränkungen zählen unvollständige oder verzerrte Trainingsdaten, die die KI-Systemleistung beeinträchtigen können. Da KI-Modelle von den Daten abhängen, mit denen sie trainiert werden, können solche Mängel in den Trainingsdaten dazu führen, dass das KI-System ungenaue oder voreingenommene Vorhersagen und Empfehlungen liefert.

Ein weiteres Problem besteht in der Schwierigkeit, KI-Modelle an sich ändernde Umstände anzupassen. Finanzmärkte und Geschäftsbedingungen können sich schnell ändern, und KI-Systeme müssen kontinuierlich aktualisiert und angepasst werden, um den sich entwickelnden Anforderungen gerecht zu werden. Dies kann ein zeitaufwendiger und ressourcenintensiver Prozess sein, der die Effizienz und Rentabilität der KI-Implementierung beeinträchtigen kann.

Das Verständnis und die Interpretation von natürlicher Sprache und kulturellen Nuancen stellen eine weitere Herausforderung dar. Obwohl ChatGPT und ähnliche KI-Systeme beeindruckende Fortschritte bei der Verarbeitung und Generierung von Text gemacht haben, sind sie immer noch anfällig für Fehler, insbesondere wenn es um komplexe und mehrdeutige Ausdrücke oder kulturell spezifische Begriffe geht. Dies kann zu Missverständnissen und Kommunikationsproblemen führen, insbesondere bei internationalen Finanztransaktionen und Geschäftsbeziehungen.

KI-Systeme können auch unerwartete oder unerwünschte Ergebnisse liefern, wenn sie mit Situationen konfrontiert werden, die von ihren Trainingsdaten abweichen oder wenn sie ungewöhnliche oder unvorhergesehene Eingaben erhalten. Dies kann zu Fehlern oder unangemessenen Entscheidungen führen, die möglicherweise von menschlichen Mitarbeitern korrigiert oder überprüft werden müssen.

Darüber hinaus haben KI-Systeme eine eingeschränkte Fähigkeit, menschliche Kreativität und Intuition zu ersetzen. In vielen Finanz- und Geschäftsbereichen ist das menschliche Urteilsvermögen und die Fähigkeit, innovative Lösungen für komplexe Probleme zu entwickeln, von entscheidender Bedeutung. KI-Systeme können bestimmte Aufgaben automatisieren und effizienter gestalten, aber sie können nicht vollständig menschliche Expertise und Erfahrung ersetzen.

Die Integration von KI-Systemen in bestehende IT-Infrastrukturen stellt eine weitere Herausforderung dar. Unternehmen müssen sicherstellen, dass ihre IT-Systeme und Prozesse in der Lage sind, KI-Lösungen effektiv zu unterstützen und mit ihnen zu interagieren. Dies kann erhebliche Investitionen in Hardware, Software und Personal erfordern, um die erfolgreiche Implementierung und das reibungslose Funktionieren von KI-Systemen zu gewährleisten.

Hohe Rechenleistung und Energieverbrauch von KI-Systemen sind weitere Faktoren, die bei der Implementierung von ChatGPT und anderen KI-Lösungen im Finanzbereich berücksichtigt werden müssen. Die Verarbeitung großer Datenmengen und die Ausführung komplexer Algorithmen erfordern erhebliche Rechenressourcen, die sowohl die Betriebskosten als auch den ökologischen Fußabdruck eines Unternehmens beeinflussen können.

Mangelnde Transparenz und Erklärbarkeit von KI-Entscheidungen stellen ein weiteres Problem dar, insbesondere in regulierten Branchen wie dem Finanzsektor. Da KI-Systeme häufig komplexe und schwer verständliche Entscheidungsprozesse verwenden, kann es schwierig sein, die Grundlagen ihrer Empfehlungen und Vorhersagen nachzuvollziehen. Dies kann zu Compliance-Problemen führen und das Vertrauen der Stakeholder in die KI-gestützten Entscheidungen untergraben.

Abhängigkeit von menschlicher Aufsicht und Korrektur bei KI-Fehlern ist ein weiteres Hindernis für die vollständige Automatisierung von Finanzprozessen. KI-Systeme können menschliche Mitarbeiter entlasten, indem sie zeitaufwendige und repetitive Aufgaben übernehmen. Dennoch erfordern viele KI-Entscheidungen und -Ergebnisse menschliche Überprüfung, um sicherzustellen, dass sie angemessen, korrekt und im Einklang mit den Unternehmenszielen und regulatorischen Anforderungen stehen.

Sicherheits- und Datenschutzbedenken bei der Nutzung von KI-Systemen sind ebenfalls von Bedeutung. Die Verarbeitung und Speicherung großer Mengen sensibler Finanzdaten erfordern strenge Sicherheitsmaßnahmen und Datenschutzbestimmungen. Unternehmen müssen sicherstellen, dass ihre KI-Systeme den geltenden Gesetzen und Vorschriften entsprechen und keine Sicherheitslücken oder Schwachstellen aufweisen, die von Cyberkriminellen ausgenutzt werden könnten.

Insgesamt eröffnen ChatGPT und andere KI-Systeme im Finanzbereich eines Unternehmens zwar enorme Möglichkeiten zur Steigerung der Effizienz und Automatisierung von Prozessen, dennoch müssen die genannten Limitationen und Herausforderungen sorgfältig berücksichtigt und angegangen werden. Die erfolgreiche Integration von KI-Technologien erfordert eine sorgfältige Planung, Investitionen in IT-Infrastruktur und Personal sowie kontinuierliche Überwachung und Anpassung an sich ändernde Marktbedingungen und regulatorische Anforderungen. Nur so können Unternehmen die Vorteile von KI-Systemen im Finanzbereich voll ausschöpfen und ihre Wettbewerbsfähigkeit auf dem globalen Markt sichern.

3.3 Risiken

Biased KI-Systeme, die diskriminierende oder unfaire Entscheidungen treffen, sind eine bedeutende ethische Herausforderung bei der Implementierung von KI-Technologien im Finanzsektor. Wenn Trainingsdaten unzureichend oder verzerrt sind, kann dies dazu führen, dass die KI ungerechte oder diskriminierende Ergebnisse liefert, beispielsweise bei der Kreditvergabe oder Risikobewertung. Unternehmen müssen sicherstellen, dass ihre KI-Systeme fair und unvoreingenommen agieren, um rechtliche Konsequenzen und Reputationsschäden zu vermeiden.

Mangelnde Nachvollziehbarkeit von KI-Entscheidungen und deren Auswirkungen auf Verantwortlichkeit werfen ebenfalls Fragen zur Ethik und gesellschaftlichen Verantwortung auf. Wenn Entscheidungen von KI-Systemen getroffen werden, kann es schwierig sein, die Verantwortung für Fehler oder negative Auswirkungen zuzuweisen. Unternehmen müssen klare Regeln und Prozesse etablieren, um Verantwortlichkeit und Rechenschaftspflicht bei der Verwendung von KI-Systemen im Finanzbereich sicherzustellen.

Unwahrheiten und Desinformation, die von KI-Systemen verbreitet werden, können ebenfalls problematisch sein. KI-Systeme wie ChatGPT sind zwar leistungsstark, aber nicht unfehlbar, was dazu führen kann, dass sie Fehlinformationen verbreiten oder ungenaue Vorhersagen treffen. Um dies zu vermeiden, müssen Unternehmen Richtlinien und Kontrollen implementieren, um die Richtigkeit und Zuverlässigkeit der von KI-Systemen generierten Informationen sicherzustellen.

Ethische Bedenken bei der Anwendung von KI betreffen auch Fragen der Privatsphäre, Autonomie und Menschenwürde. Der Einsatz von KI-Technologien im Finanzsektor erfordert den Umgang mit persönlichen und sensiblen Daten, was bedeutet, dass Unternehmen Datenschutz- und Compliance-Anforderungen erfüllen müssen, um die Privatsphäre und Rechte der Kunden zu schützen. Die Autonomie von Mitarbeitern und Kunden kann durch die zunehmende Automatisierung beeinträchtigt werden, und Unternehmen müssen eine Balance zwischen Effizienzgewinnen und dem Schutz menschlicher Interessen finden.

Missbrauchspotenzial von KI-Technologien, z. B. durch Deepfakes, Manipulation oder Cyberangriffe, ist ein weiteres ernstes Anliegen. Kriminelle können KI-Systeme nutzen, um gefälschte Dokumente, Nachrichten oder Mediendateien zu erstellen, die Täuschung und Betrug ermöglichen. Unternehmen müssen sich der Risiken und Bedrohungen bewusst sein und robuste Sicherheitsmaßnahmen ergreifen, um Missbrauch von KI-Technologien zu verhindern.

Arbeitsplatzverlust und soziale Auswirkungen durch Automatisierung und KI-Anwendungen sind ebenfalls wichtige Aspekte, die bei der Implementierung von ChatGPT im Finanzbereich berücksichtigt werden müssen. Während die Automatisierung von Routineaufgaben die Produktivität erhöhen kann, besteht die Gefahr, dass Arbeitsplätze verloren gehen und die sozialen Auswirkungen negativ sind. Unternehmen müssen sorgfältig abwägen, wie sie KI-Technologien einsetzen, um sowohl wirtschaftliche Vorteile als auch soziale Verantwortung in Einklang zu bringen.

KI-Systeme, die unerwartete oder unkontrollierbare Handlungen ausführen, können ebenfalls problematisch sein, insbesondere in kritischen Finanzentscheidungen. Unternehmen müssen ständig die Leistung und das Verhalten ihrer KI-Systeme überwachen, um sicherzustellen, dass sie innerhalb der vorgegebenen Parameter arbeiten und keine unvorhergesehenen Aktionen ausführen, die finanzielle Verluste oder rechtliche Probleme verursachen könnten.

Umweltauswirkungen von KI-Systemen, z. B. durch hohen Energieverbrauch oder Ressourcenbedarf, sind ebenfalls von Bedeutung. KI-Systeme erfordern oft erhebliche Rechenleistung, was zu einem Anstieg des Energieverbrauchs und damit verbundenen Umweltauswirkungen führen kann. Unternehmen müssen sich dieser Auswirkungen bewusst sein und Strategien entwickeln, um den Energieverbrauch und die Umweltbelastung ihrer KI-Systeme zu minimieren.

Monopolisierung und zentrale Kontrolle über KI-Technologien durch wenige Unternehmen stellen weitere ethische und gesellschaftliche Herausforderungen dar. Eine begrenzte Anzahl von Unternehmen, die den Zugang zu fortschrittlichen KI-Technologien kontrollieren, kann Wettbewerbsungleichgewichte verursachen und den Innovationsgeist im Finanzsektor einschränken. Regulierungsbehörden und politische Entscheidungsträger müssen möglicherweise eingreifen, um sicherzustellen, dass der Zugang zu KI-Technologien breit und gerecht verteilt ist.

Schließlich führt das Wettrüsten im Bereich KI, insbesondere in militärischen Anwendungen und Sicherheitstechnologien, zu Bedenken hinsichtlich globaler Sicherheit und Stabilität. Obwohl dies möglicherweise nicht direkt auf den Finanzsektor anwendbar ist, kann es dennoch Auswirkungen auf die geopolitische Landschaft und das Geschäftsklima haben, in dem Unternehmen operieren. Die internationale Gemeinschaft muss zusammenarbeiten, um Regeln und Normen für die Verwendung von KI-Technologien in sicherheitsrelevanten Bereichen zu entwickeln und potenzielle Konflikte zu vermeiden.

Insgesamt ist es wichtig, dass Unternehmen und Regulierungsbehörden die ethischen und gesellschaftlichen Herausforderungen bei der Anwendung von ChatGPT und anderen KI-Systemen im Finanzbereich berücksichtigen. Durch sorgfältige Planung, transparente Kommunikation und die Implementierung von ethischen Richtlinien können Unternehmen die Vorteile von KI-Technologien nutzen und gleichzeitig die damit verbundenen Risiken und negativen Auswirkungen minimieren.

3.3.1 Bias in KI-Systemen: Erkennen, Verstehen und Bekämpfen

Die Definition von Bias in KI-Systemen bezieht sich auf systematische Fehler, die in den Entscheidungen und Prognosen einer Künstlichen Intelligenz auftreten können. Es gibt verschiedene Arten von Bias, wie z. B. Vorurteile aufgrund von Geschlecht, Ethnie, Alter oder sozioökonomischem Status. Bias in KI-Systemen entsteht aus verschiedenen Ursachen, wie etwa durch Daten, Algorithmen oder Benutzerinteraktionen.

Die Rolle von Trainingsdaten und deren Qualität bei der Entstehung von Bias ist entscheidend. Trainingsdaten, die unvollständig, verzerrt oder nicht repräsentativ sind, können zu voreingenommenen KI-Modellen führen, die diskriminierende oder unfaire Entscheidungen treffen. Beispiele für solche Entscheidungen sind Kreditvergabesysteme, die bestimmte Bevölkerungsgruppen benachteiligen, oder automatisierte Bewerbungsverfahren, die Kandidaten aufgrund von Geschlecht oder Ethnie ausschließen.

Auswirkungen von Bias auf Entscheidungsprozesse und Fairness können gravierend sein, da sie die Gleichbehandlung von Individuen oder Gruppen beeinträchtigen und gesetzliche oder ethische Standards verletzen können. Um Bias in KI-Systemen zu identifizieren, können Techniken wie Fairness-Metriken, statistische Tests oder Visualisierungsmethoden angewendet werden.

Strategien zur Reduzierung von Bias in KI-Systemen umfassen beispielsweise re-sampling, bei dem die Trainingsdaten so angepasst werden, dass sie eine ausgewogenere Verteilung der Zielvariablen aufweisen; re-weighting, bei dem den Datenpunkten unterschiedliche Gewichte zugeordnet werden, um Verzerrungen auszugleichen; oder Adversarial Training, bei dem das KI-Modell gegen ein gegnerisches Modell trainiert wird, um mögliche Verzerrungen aufzudecken und zu reduzieren.

Die Bedeutung von Diversität und Inklusion bei der Entwicklung von KI-Systemen kann nicht genug betont werden. Ein diverses Team von Entwicklern und Datenwissenschaftlern kann dazu beitragen, unterschiedliche Perspektiven und Hintergründe in den Entwicklungsprozess einzubringen, um Bias zu erkennen und zu reduzieren. Darüber hinaus ist es wichtig, Benutzerfeedback und Expertenwissen aus verschiedenen Bereichen zu berücksichtigen, um eine umfassende Sicht auf mögliche Verzerrungen zu erhalten.

Gesetzliche Rahmenbedingungen und Richtlinien zum Umgang mit Bias in KI-Anwendungen sind ebenfalls von entscheidender Bedeutung. Unternehmen und Entwickler müssen sich über die gesetzlichen Anforderungen in Bezug auf Fairness und Diskriminierung im Klaren sein und entsprechende Maßnahmen ergreifen, um diesen Anforderungen gerecht zu werden. Dies kann auch die Implementierung von internen Richtlinien und Verfahren zur Überwachung und Kontrolle von Bias in KI-Systemen beinhalten.

Die Rolle von Transparenz und Verantwortlichkeit bei der Bekämpfung von Bias in KI-Systemen ist von zentraler Bedeutung. Unternehmen sollten offenlegen, wie ihre KI-Modelle entwickelt und validiert wurden, um Vertrauen bei Kunden, Regulierungsbehörden und der Öffentlichkeit aufzubauen. Eine klare Zuweisung von Verantwortlichkeiten innerhalb des Unternehmens kann dazu beitragen, dass mögliche Verzerrungen identifiziert und adressiert werden. Dies schließt sowohl die Entwickler von KI-Systemen als auch diejenigen ein, die die Systeme in ihren Entscheidungsprozessen einsetzen.

Transparenz und Verantwortlichkeit sind auch wichtig, um die Nachvollziehbarkeit von KI-Entscheidungen zu gewährleisten und sicherzustellen, dass Betroffene ihr Recht auf Erklärung und Überprüfung von KI-basierten Entscheidungen wahrnehmen können.

Hierzu kann die Verwendung von erklärbarer KI-Technologie beitragen, die es ermöglicht, die Entscheidungsprozesse von KI-Systemen besser zu verstehen und mögliche Verzerrungen aufzudecken.

Insgesamt ist es unerlässlich, dass Unternehmen und Entwickler von KI-Systemen im Finanzbereich ein umfassendes Verständnis von Bias und dessen möglichen Auswirkungen auf Entscheidungsprozesse und Fairness haben. Durch die Implementierung von Techniken zur Identifizierung und Reduzierung von Bias, die Einhaltung gesetzlicher Rahmenbedingungen und Richtlinien, die Förderung von Diversität und Inklusion in der Entwicklung von KI-Systemen und die Sicherstellung von Transparenz und Verantwortlichkeit können Unternehmen dazu beitragen, voreingenommene KI-Systeme zu vermeiden und faire, gerechte und ethisch vertretbare KI-Anwendungen im Finanzbereich zu fördern.

3.3.2 Fehlende Nachvollziehbarkeit von Entscheidungen

Die Nachvollziehbarkeit (Explainability) von KI-Systemen bezieht sich auf das Vermögen, die Entscheidungsprozesse und Ergebnisse solcher Systeme verständlich und nachvollziehbar darzustellen. Dies ist von großer Bedeutung, da es das Vertrauen und die Akzeptanz von KI-Systemen bei Anwendern und Stakeholdern fördert. Komplexe KI-Modelle wie Deep Learning stellen jedoch oft Herausforderungen in Bezug auf ihre Interpretation dar, da ihre internen Mechanismen und Entscheidungsprozesse als „Black Box“ betrachtet werden können.

Mangelnde Nachvollziehbarkeit kann in bestimmten Situationen problematisch sein, wie beispielsweise bei medizinischen Diagnosen oder Kreditentscheidungen, wo die Betroffenen das Recht auf eine Erklärung und Überprüfung der getroffenen Entscheidungen haben. Um die Nachvollziehbarkeit von KI-Entscheidungen zu verbessern, wurden verschiedene Techniken und Methoden entwickelt, wie beispielsweise LIME (Local Interpretable Model-agnostic Explanations), SHAP (SHapley Additive exPlanations) und Feature Importance. Diese Ansätze helfen, die Entscheidungsprozesse in KI-Modellen transparenter zu gestalten und ermöglichen eine bessere Einsicht in die Faktoren, die zu den Vorhersagen beitragen.

Eine wichtige Abwägung bei der Entwicklung von KI-Systemen ist das Gleichgewicht zwischen Modellkomplexität und Nachvollziehbarkeit. Vereinfachte Modelle können leichter interpretiert werden, erzielen jedoch möglicherweise nicht die präzisen Vorhersagen, die mit komplexeren Modellen möglich sind. In diesem Zusammenhang spielen Datenvisualisierung und interaktive Tools eine entscheidende Rolle bei der Erklärung von KI-Entscheidungen, indem sie komplexe Informationen auf verständliche Weise darstellen und es den Anwendern ermöglichen, die Zusammenhänge zwischen den Eingabedaten und den Vorhersagen der KI-Systeme zu erkennen.

Gesetzliche Anforderungen und Richtlinien, wie die in Europa geltende EU-Datenschutzgrundverordnung (DSGVO), fordern zunehmend Transparenz und Nachvollziehbarkeit von KI-Systemen, um die Rechte der Betroffenen zu schützen. Interdisziplinarität und Zusammenarbeit zwischen Entwicklern, Anwendern und Stakeholdern sind von entscheidender Bedeutung, um die Nachvollziehbarkeit von KI-Systemen zu verbessern, indem verschiedene Perspektiven und Expertisen in den Entwicklungsprozess einfließen.

Zukünftige Forschungsrichtungen und Innovationen in der KI-Technologie zielen darauf ab, die Nachvollziehbarkeit von KI-Systemen weiter zu verbessern. Dazu gehören beispielsweise die Entwicklung neuer Algorithmen und Modelle, die sowohl präzise Vorhersagen liefern als auch leichter interpretiert werden können, sowie die Integration von Erklärungsmechanismen in den Entwicklungsprozess von KI-Systemen.

Insgesamt zeigt sich, dass die fehlende Nachvollziehbarkeit von Entscheidungen in KI-Systemen ein wichtiges Thema für die erfolgreiche Implementierung und Akzeptanz solcher Technologien im Finanzbereich ist. Durch die Integration von Techniken zur Verbesserung der Nachvollziehbarkeit, die Zusammenarbeit zwischen verschiedenen Disziplinen und die Einhaltung gesetzlicher Rahmenbedingungen können Unternehmen die Transparenz ihrer KI-gestützten Entscheidungen erhöhen und somit das Vertrauen der beteiligten Stakeholder stärken. Die kontinuierliche Erforschung und Entwicklung neuer Ansätze zur Verbesserung der Nachvollziehbarkeit wird die Leistungsfähigkeit und Akzeptanz von KI-Systemen im Finanzbereich weiter voranbringen und dazu beitragen, dass ihre Vorteile voll ausgeschöpft werden können.

3.3.3 Die lügende KI

In der Welt der Künstlichen Intelligenz (KI) bezieht sich der Begriff „lügende KI" auf Systeme, die ungenaue oder irreführende Ergebnisse liefern. Dies kann sowohl unbeabsichtigte als auch absichtliche Fehler umfassen. Lügende KI-Systeme können das Vertrauen, die Akzeptanz und die Reputation von KI-Anwendungen untergraben und somit die Effektivität der Technologie im Finanzbereich beeinträchtigen.

Ungenügende Datenqualität und unangemessenes Modelltraining sind zwei Hauptgründe für das Entstehen von lügenden KI-Systemen. Beispielsweise kann eine unzureichende Datenqualität zu inkonsistenten, unvollständigen oder falschen Informationen führen, die wiederum das KI-System beeinflussen. Unangemessenes Modelltraining kann dazu führen, dass die KI nicht die notwendigen Fähigkeiten erlernt, um in realen Szenarien präzise Vorhersagen oder Entscheidungen zu treffen.

Es gibt zahlreiche Beispiele für Fälle, in denen KI-Systeme falsche Informationen oder Ergebnisse geliefert haben, wie etwa Chatbots, die unangemessene oder beleidigende Kommentare abgeben, oder Kreditrisikomodelle, die falsche Kreditwürdigkeitsbewertungen erstellen. Diese Situationen können sowohl unbeabsichtigte als auch absichtliche

Fehler sein, je nachdem, ob die Entwickler die Konsequenzen ihrer Entscheidungen vorhergesehen haben oder nicht.

Um die Wahrscheinlichkeit von lügenden KI-Systemen zu minimieren, sind verschiedene Maßnahmen erforderlich. Dazu gehört eine bessere Datenaufbereitung, um sicherzustellen, dass die Daten korrekt, konsistent und repräsentativ sind. Modellvalidierung und Monitoring können ebenfalls dazu beitragen, die Genauigkeit der KI-Systeme zu überprüfen und sicherzustellen, dass sie korrekte Ergebnisse liefern. Zudem spielt die menschliche Überwachung und Expertise eine entscheidende Rolle bei der Identifizierung und Korrektur von lügenden KI-Systemen.

Ethikrichtlinien und Verantwortung bei der Entwicklung und Implementierung von KI-Systemen sind ebenfalls von zentraler Bedeutung, um lügende KI zu vermeiden. Entwickler und Unternehmen müssen sich bewusst sein, welche Auswirkungen ihre Entscheidungen auf die Gesellschaft und die betroffenen Personen haben können, und entsprechend handeln. In diesem Zusammenhang ist die Erkennung und Bewältigung von KI-Systemen, die gezielt manipuliert wurden, um Fehlinformationen zu verbreiten, eine weitere Herausforderung, die angegangen werden muss.

Die Bedeutung von Transparenz und offener Kommunikation bei der Aufklärung über die Leistungsfähigkeit und Grenzen von KI-Systemen kann nicht genug betont werden. Durch die Vermittlung eines realistischen Bildes der Fähigkeiten von KI-Systemen und deren möglichen Schwachstellen können Unternehmen das Vertrauen in ihre Anwendungen stärken und gleichzeitig das Risiko von lügenden KI-Systemen reduzieren. Dies erfordert eine enge Zusammenarbeit zwischen Entwicklern, Anwendern und anderen Stakeholdern, um sicherzustellen, dass die eingesetzten KI-Systeme sowohl effektiv als auch ethisch sind.

Um die Herausforderungen im Zusammenhang mit lügenden KI-Systemen zu bewältigen, sollten zukünftige Forschungsrichtungen und Innovationen darauf abzielen, robustere und transparentere KI-Modelle zu entwickeln. Dies kann beispielsweise durch die Erforschung von Methoden zur automatischen Erkennung von Unregelmäßigkeiten oder Manipulationen in KI-Systemen geschehen. Darüber hinaus sollten Fortschritte in der Entwicklung von KI-Systemen, die in der Lage sind, ihre eigenen Entscheidungen und Prozesse zu erklären, weiter vorangetrieben werden, um das Verständnis und das Vertrauen in diese Technologien zu erhöhen.

Insgesamt ist die Bewältigung der Herausforderungen im Zusammenhang mit lügenden KI-Systemen von entscheidender Bedeutung, um das volle Potenzial der Künstlichen Intelligenz im Finanzbereich auszuschöpfen. Durch die Implementierung von Maßnahmen zur Verbesserung der Datenqualität, die Anwendung von Modellvalidierung und Monitoring sowie die Förderung von Ethikrichtlinien und Verantwortung in der KI-Entwicklung können Unternehmen das Vertrauen in ihre KI-Anwendungen stärken und somit deren Effektivität und Akzeptanz im Finanzsektor erhöhen.

3.3.4 Ethik und AI

Die Anwendung von Künstlicher Intelligenz (KI) im Finanzbereich birgt zahlreiche ethische Fragestellungen. Eine dieser Fragestellungen betrifft den Datenschutz und die Privatsphäre. Der verantwortungsvolle Umgang mit persönlichen Daten in KI-Systemen ist essenziell, um die Vertraulichkeit von Kundeninformationen zu wahren und rechtliche Anforderungen, wie beispielsweise die in Europa geltende EU-Datenschutzgrundverordnung (DSGVO), einzuhalten. Unternehmen sollten daher bei der Verwendung von KI-Technologien darauf achten, dass ihre Systeme sowohl sicher als auch datenschutzkonform sind.

Ein weiterer wichtiger Aspekt ist die Fairness und Gerechtigkeit in KI-Modellen. Um Diskriminierung und Voreingenommenheit zu vermeiden, sollten Unternehmen sicherstellen, dass ihre KI-Algorithmen auf diversen und repräsentativen Datensätzen trainiert werden. Zudem sollten sie regelmäßig überprüfen, ob ihre Modelle unerwünschte Verzerrungen oder Diskriminierung aufweisen, und gegebenenfalls Korrekturmaßnahmen ergreifen.

Transparenz und Nachvollziehbarkeit spielen ebenfalls eine zentrale Rolle in der Ethik der KI-Anwendung. KI-Entscheidungsprozesse sollten für Benutzer und Betroffene verständlich gemacht werden können, um das Vertrauen in KI-Systeme zu stärken und die Akzeptanz dieser Technologien zu fördern. Dies kann beispielsweise durch die Implementierung von Techniken zur Verbesserung der Nachvollziehbarkeit von KI-Entscheidungen erreicht werden, wie etwa LIME, SHAP oder Feature Importance.

Die Verantwortlichkeit und Rechenschaftspflicht für KI-gestützte Entscheidungen und Handlungen ist ebenfalls von großer Bedeutung. Unternehmen sollten klare Verantwortlichkeiten und Zuständigkeiten für ihre KI-Anwendungen definieren und sicherstellen, dass sie bei Fehlern oder Problemen rechtzeitig reagieren und angemessene Korrekturmaßnahmen ergreifen können.

Die Zusammenarbeit zwischen Mensch und KI sollte so gestaltet werden, dass KI-Systeme den Menschen unterstützen und ergänzen, anstatt sie zu ersetzen. Dies kann durch die Entwicklung von KI-Anwendungen erreicht werden, die menschliche Fähigkeiten verbessern, etwa durch die Automatisierung routinemäßiger Aufgaben oder die Bereitstellung von Entscheidungshilfen für komplexe Probleme.

Bei der Nutzung von KI-Technologien sollte auch deren ökologische Auswirkungen berücksichtigt werden. Unternehmen sollten die Umweltbelastung ihrer KI-Anwendungen, etwa durch den Energieverbrauch von Rechenzentren, minimieren und nachhaltige Lösungen für die Nutzung von KI fördern.

Die Notwendigkeit internationaler Standards und Regeln für den ethischen Einsatz von KI erfordert globale Zusammenarbeit und Regulierung. Dies kann durch die Entwicklung von gemeinsamen Richtlinien und Best Practices sowie die Koordination zwischen Regierungen, Unternehmen und anderen Stakeholdern erreicht werden.

Ethikkomitees und ethische Richtlinien können eine wichtige Rolle bei der Gestaltung und Implementierung von KI-Systemen spielen. Sie helfen dabei, ethische Grundsätze in den Entwicklungsprozess zu integrieren und sicherzustellen, dass KI-Anwendungen im Einklang mit den Werten und Normen der jeweiligen Organisation stehen. Unternehmen sollten daher die Einrichtung solcher Komitees in Betracht ziehen und ethische Leitlinien entwickeln, die den Einsatz von KI in ihrem spezifischen Kontext regeln.

Zukünftige Herausforderungen in Bezug auf ethische Fragestellungen im Zusammenhang mit der weiteren Entwicklung von KI-Technologien sollten antizipiert und adressiert werden. Dazu gehört beispielsweise die Auseinandersetzung mit potenziellen Auswirkungen von KI auf Arbeitsplätze, die Entwicklung autonomer Systeme mit Entscheidungsbefugnissen oder die Gefahr einer übermäßigen Abhängigkeit von KI-Systemen. Unternehmen sollten sich aktiv mit diesen Fragestellungen auseinandersetzen und Strategien entwickeln, um ethische Risiken zu minimieren und Chancen, die sich aus der KI-Technologie ergeben, verantwortungsvoll zu nutzen.

Insgesamt zeigt sich, dass Ethik und AI untrennbar miteinander verbunden sind und Unternehmen sowohl bei der Entwicklung als auch bei der Implementierung von KI-Systemen im Finanzbereich besondere Sorgfalt walten lassen sollten. Durch die Berücksichtigung von Datenschutz, Fairness, Transparenz, Verantwortlichkeit, Zusammenarbeit zwischen Mensch und KI, Umweltaspekten und globaler Regulierung kann ein verantwortungsbewusster und ethisch vertretbarer Einsatz von KI im Finanzsektor gewährleistet werden. Die Einbindung von Ethikkomitees, die Entwicklung von ethischen Leitlinien und die proaktive Auseinandersetzung mit zukünftigen Herausforderungen sind dabei wichtige Schritte, um sicherzustellen, dass KI-Technologien den Finanzbereich nachhaltig und ethisch unterstützen können.

3.3.5 Missbrauchspotenziale in der Nutzung von AI

Die verschiedenen Missbrauchspotenziale von KI-Systemen stellen eine ernste Herausforderung dar, die erkannt und verhindert werden muss. Eine solche Missbrauchsmöglichkeit ist die KI-gestützte Desinformation und Erstellung von Deepfakes, bei der künstliche Intelligenz verwendet wird, um gefälschte Nachrichten und manipulierte Medieninhalte zu erstellen. Diese Technologie kann politische und soziale Diskurse stören und das Vertrauen in authentische Informationen untergraben.

Ein weiteres Missbrauchspotenzial ist die automatisierte Überwachung und das Profiling, bei dem KI dazu verwendet werden kann, persönliche Daten unangemessen zu sammeln und zu analysieren. Dies kann zu Verletzungen der Privatsphäre und des Datenschutzes führen und dazu beitragen, dass Nutzerprofile für unethische Zwecke missbraucht werden.

Die Manipulation von Verbraucherentscheidungen ist ein weiteres Beispiel für den Missbrauch von KI. Hierbei werden KI-Systeme eingesetzt, um gezielt Kaufentscheidungen und Verhalten zu beeinflussen, indem sie personalisierte Werbung, Preisdiskriminierung oder Suchergebnis-Manipulation anwenden.

Auch im Bereich der Cyberangriffe können KI-Systeme missbräuchlich verwendet werden. Sie können dazu genutzt werden, Sicherheitslücken auszunutzen, umfangreiche Cyberangriffe durchzuführen oder Schadsoftware zu entwickeln, die sich an veränderte Sicherheitsmaßnahmen anpasst.

KI und automatisierte Waffensysteme bergen ebenfalls ethische Bedenken und Risiken. Autonome Waffensysteme könnten ohne menschliches Eingreifen tödliche Entscheidungen treffen, was zu unvorhersehbaren und schwer kontrollierbaren Konsequenzen führen kann.

Bias-Verstärkung stellt ein weiteres Missbrauchspotenzial von KI dar, bei dem vorhandene Vorurteile und Diskriminierung verstärkt werden. KI-Systeme könnten, wenn sie auf voreingenommenen Daten trainiert werden, diese Verzerrungen weiter verstärken und diskriminierende Entscheidungen treffen.

Die Monopolisierung und Zentralisierung von KI-Technologien durch wenige mächtige Akteure birgt die Gefahr, dass KI-Systeme unverhältnismäßig kontrolliert werden und dadurch Chancenungleichheit und Machtkonzentration verstärkt werden.

Auch am Arbeitsplatz kann KI missbräuchlich eingesetzt werden, etwa zur Überwachung und Kontrolle von Mitarbeitern. Durch die Erfassung und Analyse von Arbeitsleistung, Kommunikation und Verhalten könnten Arbeitgeber ihre Angestellten übermäßig überwachen und dadurch deren Autonomie und Privatsphäre einschränken.

Um diesen Missbrauchspotenzialen entgegenzuwirken, sind präventive Maßnahmen und Best Practices erforderlich. Organisationen, Regulierungsbehörden und die Gesellschaft sollten zusammenarbeiten, um den Missbrauch von KI zu verhindern und zu minimieren. Dazu gehören die Entwicklung ethischer Richtlinien und Standards, die Förderung von Transparenz und Rechenschaftspflicht in KI-Systemen sowie die Implementierung von Datenschutz- und Privatsphäremaßnahmen. Es ist auch wichtig, KI-Entwickler und Anwender in die Pflicht zu nehmen, um sicherzustellen, dass KI-Systeme nach ethischen Grundsätzen entwickelt und eingesetzt werden.

Darüber hinaus sollten Organisationen und Regulierungsbehörden auf die Schaffung eines rechtlichen Rahmens hinarbeiten, der den Missbrauch von KI-Technologien unterbindet und Sanktionen für Verstöße vorsieht. Dies kann durch internationale Zusammenarbeit und die Entwicklung gemeinsamer Regeln und Standards erreicht werden.

Eine weitere wichtige Maßnahme zur Verhinderung des Missbrauchs von KI ist die Sensibilisierung und Aufklärung der Öffentlichkeit sowie der Entscheidungsträger in Unternehmen und Behörden. Die Menschen sollten über die Risiken und Missbrauchspotenziale von KI informiert sein, um fundierte Entscheidungen treffen und verantwortungsbewusst handeln zu können.

Forschung und Entwicklung sollten darauf abzielen, KI-Systeme sicherer, transparenter und fairer zu gestalten, um das Missbrauchspotenzial zu reduzieren. Dazu gehört die Untersuchung von Techniken zur Erkennung und Bekämpfung von KI-gestützter Desinformation, die Entwicklung von Algorithmen, die Diskriminierung und Voreingenommenheit vermeiden, und die Erforschung von Methoden zur Reduzierung der Umweltauswirkungen von KI-Technologien.

Zusammenfassend zeigt sich, dass das Missbrauchspotenzial von KI-Systemen erhebliche ethische und gesellschaftliche Herausforderungen aufwirft. Um diese Risiken zu minimieren und die positiven Aspekte von KI zu fördern, bedarf es eines koordinierten Vorgehens von Organisationen, Regulierungsbehörden und der Gesellschaft insgesamt. Durch die Entwicklung von Best Practices, ethischen Richtlinien und rechtlichen Rahmenbedingungen sowie durch Sensibilisierung und Aufklärung können wir sicherstellen, dass KI-Technologien verantwortungsbewusst und zum Wohle aller eingesetzt werden.

Literatur

Appelfeller, W./Feldmann, C., Die digitale Transformation des Unternehmens, 2023, https://doi.org/10.1007/978-3-662-65413-2

Grund, T., et al., Unternehmensplanung im Zeitalter der Digitalisierung, 2020, https://doi.org/10.1007/978-3-658-29929-3

Kollmann, T., Digital Entrepreneurship, 2022, https://doi.org/10.1007/978-3-658-37260-6

Pertlwieser, M., Das Richtige digitalisieren, 2022, https://doi.org/10.1007/978-3-658-35447-3

Rath, M., et al. (Hrsg.), Maschinenethik, Ethik in mediatisierten Welten, 2019, https://doi.org/10.1007/978-3-658-21083-0

Schallmo, D. R. A., et al. (Hrsg.), Digitalisierung, 2023, https://doi.org/10.1007/978-3-658-36634-6

Schneider, T., Digitalisierung und Künstliche Intelligenz, 2022, https://doi.org/10.1007/978-3-658-33860-2

4 Allgemeine Anwendungsmöglichkeiten im Unternehmen

Um die Audioversion dieses Kapitels zu hören, klicken Sie auf den Link oder scannen Sie ihn mit der Springer Nature More Media App:
▶ sn.pub/elepbs

In diesem Kapitel werden die vielfältigen Anwendungsbereiche von ChatGPT in Unternehmen erörtert und aufgezeigt, wie diese Technologie zur Effizienzsteigerung und Innovation beitragen kann. Dabei wird auf verschiedene Aspekte eingegangen, wie die Automatisierung von Routineaufgaben, die Verbesserung der internen Kommunikation und Zusammenarbeit, das Wissensmanagement, die Datenanalyse und Entscheidungsfindung, die Integration in bestehende IT-Infrastrukturen, die Anpassung und Personalisierung von ChatGPT-Systemen sowie Datenschutz- und Sicherheitsaspekte.

Die Anwendung von ChatGPT zur Automatisierung von Routineaufgaben kann die Mitarbeiterproduktivität erheblich steigern, indem sie Zeit und Ressourcen spart und menschliche Fehler reduziert. ChatGPT kann dabei eine Vielzahl von Aufgaben übernehmen, wie beispielsweise die Beantwortung von Kundenanfragen, die Erstellung von Standardberichten oder die Durchführung einfacher Buchhaltungsaufgaben.

Die Nutzung von ChatGPT zur Erleichterung der internen Kommunikation und Zusammenarbeit kann dazu beitragen, Abteilungen und Teams besser zu vernetzen und den Informationsaustausch zu fördern. ChatGPT kann beispielsweise als zentrale Anlaufstelle für Fragen und Informationen dienen, die gemeinsame Erstellung von Dokumenten unterstützen oder auch als virtueller Assistent in Meetings und Projektmanagement-Aufgaben fungieren.

© Der/die Autor(en), exklusiv lizenziert an Springer Fachmedien Wiesbaden GmbH, ein Teil von Springer Nature 2025

T. Hüsch et al., *Einsatzmöglichkeiten von GPT in Finance, Compliance und Audit*,
https://doi.org/10.1007/978-3-658-49460-5_4

Im Bereich des Wissensmanagements kann ChatGPT dazu beitragen, Informationen und Ressourcen besser zugänglich und verwertbar zu machen. Die KI-gestützte Analyse und Strukturierung von Daten ermöglicht es, schnell relevante Informationen zu finden und aufzubereiten. Dadurch können Unternehmen ihre internen Wissensbestände effizienter nutzen und ihre Entscheidungsfindung verbessern.

Bei der Datenanalyse und Entscheidungsfindung kann ChatGPT durch die automatisierte Interpretation von Daten und die Erstellung von Berichten wertvolle Einsichten liefern. Diese können beispielsweise bei der Identifikation von Trends und Mustern, der Abschätzung von Risiken oder der Ermittlung von Wachstumspotenzialen helfen.

Die Integration von ChatGPT in bestehende IT-Infrastrukturen und Softwarelösungen kann Synergien schaffen und Prozesse optimieren. Unternehmen können dadurch ihre vorhandenen Systeme und Anwendungen effizienter nutzen, ohne aufwendige Änderungen an der bestehenden Architektur vornehmen zu müssen.

Die Anpassung und Personalisierung von ChatGPT-Systemen an spezifische Unternehmensanforderungen und Branchenbedürfnisse ist ein wichtiger Faktor für den erfolgreichen Einsatz dieser Technologie. Durch die Entwicklung maßgeschneiderter Lösungen können Unternehmen die Vorteile von KI optimal ausschöpfen und ihre Wettbewerbsfähigkeit stärken.

Datenschutz- und Sicherheitsaspekte sind bei der Implementierung von ChatGPT in Unternehmensumgebungen von großer Bedeutung. Unternehmen müssen sicherstellen, dass die Nutzung von KI-Systemen den geltenden Datenschutzgesetzen entspricht und die Sicherheit sensibler Daten gewährleistet ist. Dies kann beispielsweise durch die Implementierung von Zugriffskontrollen, Verschlüsselungsmaßnahmen und regelmäßigen Sicherheitsüberprüfungen erreicht werden.

Die Evaluierung der Kosten-Nutzen-Relation und des möglichen ROI (Return on Investment) bei der Einführung von ChatGPT im Unternehmen ist ein entscheidender Schritt bei der Entscheidungsfindung. Unternehmen sollten sowohl die direkten Kosten, wie etwa für Lizenzen, Schulungen und Implementierung, als auch die indirekten Kosten, wie mögliche Auswirkungen auf die Arbeitsweise und Unternehmenskultur, berücksichtigen. Eine sorgfältige Analyse der erwarteten Vorteile und der damit verbundenen Kosten hilft dabei, eine fundierte Entscheidung über den Einsatz von ChatGPT zu treffen.

Best Practices und Empfehlungen für die erfolgreiche Implementierung und Skalierung von ChatGPT-Anwendungen in Unternehmen sind essenziell, um mögliche Stolpersteine und Risiken zu minimieren. Dazu gehört beispielsweise die Einbindung von Mitarbeitern in den Implementierungsprozess, die Schaffung eines förderlichen Umfelds für den Einsatz von KI-Technologien und die kontinuierliche Überwachung und Anpassung der ChatGPT-Systeme an die sich ändernden Bedürfnisse des Unternehmens.

Insgesamt bieten die vielfältigen Anwendungsmöglichkeiten von ChatGPT im Unternehmen großes Potenzial zur Effizienzsteigerung und Innovation. Durch die erfolgreiche Integration und Anpassung dieser Technologie an die spezifischen Anforderungen und Bedürfnisse von Unternehmen können sowohl die Produktivität der Mitarbeiter als auch die Wettbewerbsfähigkeit des Unternehmens gestärkt werden. Dabei sollten jedoch stets Datenschutz- und Sicherheitsaspekte berücksichtigt sowie die Kosten und der zu erwartende ROI sorgfältig evaluiert werden.

4.1 Zusammenfassung

ChatGPT bietet im Finanzbereich eines Unternehmens vielfältige Einsatzmöglichkeiten zur Steigerung von Effizienz und Innovation. In der Automatisierung von Routineaufgaben, internen Kommunikationen sowie Datenanalyse und Entscheidungsfindung liegt großes Potenzial für den Einsatz von KI-gestützten Systemen. Die Anpassung und Personalisierung von ChatGPT-Systemen an spezifische Unternehmens- und Branchenanforderungen ist entscheidend für den Erfolg. Eine sorgfältige Kosten-Nutzen-Analyse und die Beachtung von Datenschutz- und Sicherheitsaspekten sind ebenfalls wichtig.

ChatGPT kann in vielerlei Hinsicht eingesetzt werden, wie beispielsweise in Textverarbeitung, Tabellenkalkulation, Präsentationen, E-Mail- und Chat-Kommunikation, Intranet-Plattformen, Berichterstattung sowie bei der Erstellung und Aktualisierung von FAQ-Inhalten. Diese Anwendungen können Arbeitsabläufe optimieren, Ressourcen sparen und die Wettbewerbsfähigkeit in einer digitalisierten Wirtschaft sichern.

Für die erfolgreiche Implementierung und Skalierung von ChatGPT-Anwendungen in Unternehmen sind Best Practices und Empfehlungen unerlässlich. Unternehmen sollten den Implementierungsprozess sorgfältig planen, die Anwendungsfälle genau definieren, den Fortschritt kontinuierlich überwachen und gegebenenfalls Anpassungen vornehmen. Die Einbeziehung der Mitarbeiter und entsprechende Schulungen sind ebenfalls relevant, um die Akzeptanz der neuen Technologie zu fördern und den Übergang reibungslos zu gestalten.

Insgesamt zeigt sich, dass ChatGPT in vielen Bereichen des Finanzwesens Anwendung finden kann, um Effizienz und Effektivität zu steigern. Durch die Integration von ChatGPT in bestehende IT-Infrastrukturen und Softwarelösungen können Unternehmen Synergien nutzen, um den digitalen Wandel erfolgreich zu bewältigen.

4.2 Definition und Aufgaben

Die verschiedenen Anwendungsbereiche von ChatGPT in Unternehmen bieten großes Potenzial für Effizienzsteigerung und Innovation. Eine der Hauptaufgaben von ChatGPT besteht darin, Routineaufgaben zu automatisieren und somit die Mitarbeiterproduktivität zu verbessern. Durch die Eliminierung von repetitiven und zeitaufwendigen Aufgaben können sich die Mitarbeiter auf kreativere und wertschöpfendere Tätigkeiten konzentrieren.

Ein weiterer wichtiger Einsatzbereich von ChatGPT ist die Erleichterung der internen Kommunikation und Zusammenarbeit zwischen Abteilungen und Teams. Durch den Einsatz von KI-gestützten Kommunikationstools können Informationen schneller ausgetauscht, Fragen effizienter beantwortet und Entscheidungen zielgerichteter getroffen werden. Dies führt zu einer verbesserten Zusammenarbeit und einer effizienteren Arbeitsweise innerhalb des Unternehmens.

ChatGPT kann auch für das Wissensmanagement eingesetzt werden, indem es Informationen und Ressourcen besser zugänglich und verwertbar macht. KI-gestützte Such- und Analysefunktionen erleichtern das Auffinden relevanter Informationen und fördern den Wissensaustausch innerhalb des Unternehmens. Dies trägt dazu bei, Wissenstransferprozesse zu optimieren und die unternehmensinterne Expertise zu erhöhen.

In Bezug auf die Datenanalyse und Entscheidungsfindung kann ChatGPT durch automatisierte Interpretation von Daten und Erstellung von Berichten einen bedeutenden Beitrag leisten. Die Fähigkeit, große Datenmengen schnell und präzise zu analysieren, ermöglicht es Führungskräften, fundierte Entscheidungen auf Basis von Echtzeitinformationen zu treffen. Dadurch können sowohl operative als auch strategische Entscheidungen verbessert werden.

Die Integration von ChatGPT in bestehende IT-Infrastrukturen und Softwarelösungen ermöglicht es Unternehmen, Synergien zu nutzen und Prozesse zu optimieren. Durch die Kombination von KI-gestützten Systemen mit bereits vorhandenen Technologien können Unternehmen die Effizienz ihrer Abläufe steigern und den digitalen Wandel erfolgreich bewältigen.

Die Anpassung und Personalisierung von ChatGPT-Systemen für spezifische Unternehmensanforderungen und Branchenbedürfnisse ist entscheidend für den Erfolg der Implementierung. Eine individuell angepasste Lösung kann die spezifischen Herausforderungen und Anforderungen eines Unternehmens oder einer Branche besser bewältigen und somit den größtmöglichen Nutzen erzielen.

Datenschutz- und Sicherheitsaspekte sind bei der Implementierung von ChatGPT in Unternehmensumgebungen von zentraler Bedeutung. Unternehmen müssen sicherstellen, dass personenbezogene Daten und vertrauliche Informationen in Übereinstimmung mit gesetzlichen Vorschriften und unternehmensinternen Richtlinien geschützt sind. Dies erfordert eine sorgfältige Planung und Umsetzung von Sicherheitsmaßnahmen.

Die Evaluierung der Kosten-Nutzen-Relation und des möglichen ROI (Return on Investment) bei der Einführung von ChatGPT im Unternehmen ist ein wichtiger Faktor bei der Entscheidungsfindung. Die sorgfältige Analyse der zu erwartenden Vorteile und der damit verbundenen Kosten ermöglicht es Unternehmen, eine fundierte Entscheidung über den Einsatz von ChatGPT zu treffen und die Rentabilität der Investition abzuschätzen.

Best Practices und Empfehlungen für die erfolgreiche Implementierung und Skalierung von ChatGPT-Anwendungen in Unternehmen sind essenziell, um den größtmöglichen Nutzen aus der Technologie zu ziehen. Unternehmen sollten den Implementierungsprozess sorgfältig planen, die Anwendungsfälle genau definieren, den Fortschritt kontinuierlich überwachen und bei Bedarf Anpassungen vornehmen. Zudem ist es wichtig, die Mitarbeiter in den Implementierungsprozess einzubeziehen und sie entsprechend zu schulen, um die Akzeptanz der neuen Technologie zu fördern und den Übergang reibungslos zu gestalten.

Insgesamt bieten ChatGPT-Systeme eine Vielzahl von Anwendungsmöglichkeiten und Vorteilen für Unternehmen, die dazu beitragen können, Effizienz und Innovation zu steigern. Von der Automatisierung von Routineaufgaben über die Verbesserung der internen Kommunikation bis hin zur Datenanalyse und Entscheidungsfindung – der Einsatz von ChatGPT hat das Potenzial, die Arbeitsweise von Unternehmen grundlegend zu verändern und sie im digitalen Zeitalter wettbewerbsfähig zu halten. Durch die sorgfältige Planung und Umsetzung von ChatGPT-Implementierungen können Unternehmen die Chancen dieser KI-gestützten Technologie optimal nutzen und ihre Geschäftsprozesse nachhaltig optimieren.

4.3 Einsatz von ChatGPT in übergreifenden Prozessen

Die Identifizierung von Unternehmensprozessen, die von ChatGPT profitieren könnten, ist ein wichtiger Schritt, um die Vorteile der KI-Technologie effektiv zu nutzen. Projektmanagement, Kommunikation und Dokumentenverwaltung sind nur einige Beispiele für Bereiche, in denen ChatGPT seine Stärken ausspielen kann.

Die Rolle von ChatGPT bei der Verbesserung der Effizienz und Effektivität von Teamkollaboration und -kommunikation ist bedeutend. Durch den Einsatz von ChatGPT können Teams besser zusammenarbeiten, Informationen schneller austauschen und gemeinsame Ziele effektiver erreichen. Dies führt zu einer gesteigerten Produktivität und einem verbesserten Arbeitsklima.

Die Automatisierung und Optimierung von Arbeitsabläufen durch den Einsatz von ChatGPT kann Unternehmen dabei helfen, Zeit und Ressourcen zu sparen. Beispielsweise kann ChatGPT bei der Priorisierung von Aufgaben, der Zuweisung von Verantwortlichkeiten und der Überwachung von Fortschritten helfen, wodurch Prozesse strukturierter und effizienter gestaltet werden können.

ChatGPT kann auch die Entscheidungsfindung in Unternehmen unterstützen, indem es relevante Informationen und Analysen bereitstellt. Hierbei kann die KI-gestützte Analyse großer Datenmengen in kurzer Zeit helfen, fundierte Entscheidungen auf Basis von Daten und Fakten zu treffen.

Im Bereich der Personalentwicklung eröffnen sich ebenfalls Einsatzmöglichkeiten für ChatGPT. Durch die Unterstützung bei der Schulung und Weiterbildung von Mitarbeitern kann die KI-Technologie zur Verbesserung der Kompetenzen und Fähigkeiten der Belegschaft beitragen.

Die Rolle von ChatGPT bei der Förderung von Innovation und Kreativität in Unternehmen sollte nicht unterschätzt werden. Durch das Generieren neuer Ideen und Lösungsansätze kann ChatGPT dazu beitragen, die Innovationskraft eines Unternehmens zu stärken und zukunftsfähige Geschäftsmodelle zu entwickeln.

Die Identifizierung und Beseitigung von Engpässen und Ineffizienzen in Geschäftsprozessen ist eine weitere Möglichkeit, wie ChatGPT Unternehmen unterstützen kann. Durch die Analyse vorhandener Prozesse und Strukturen können Schwachstellen identifiziert und Optimierungsmaßnahmen eingeleitet werden.

Im Bereich der Datensicherheit und -schutz kann ChatGPT ebenfalls eine wichtige Rolle spielen. Beispielsweise bei der Erkennung und Vermeidung von Datenlecks oder Betrugsversuchen kann ChatGPT durch kontinuierliche Überwachung und Analyse der Systeme helfen, Risiken zu minimieren.

Die Implementierung und Überwachung von Compliance-Richtlinien und -standards ist ein weiterer Anwendungsbereich für ChatGPT. Die KI-gestützte Technologie kann dabei helfen, die Einhaltung von gesetzlichen Vorgaben und unternehmensinternen Regelungen sicherzustellen und mögliche Verstöße frühzeitig aufzudecken.

Schließlich kann ChatGPT auch bei der Verbesserung der Kundeninteraktion und -bindung eingesetzt werden. Durch personalisierte Kommunikation und verbesserten Kundensupport kann die KI-Technologie dazu beitragen, die Kundenzufriedenheit zu steigern und langfristige Kundenbeziehungen aufzubauen. Durch den Einsatz von ChatGPT in Kundenbetreuungsprozessen, wie zum Beispiel im Kundenservice, kann das Unternehmen schneller auf Kundenanfragen reagieren, personalisierte Lösungen anbieten und dadurch eine höhere Kundenzufriedenheit erreichen.

Zusammenfassend zeigt sich, dass ChatGPT in zahlreichen übergreifenden Prozessen innerhalb von Unternehmen erfolgreich eingesetzt werden kann. Die Verbesserung von Effizienz und Effektivität in Bereichen wie Projektmanagement, Kommunikation, Dokumentenverwaltung, Personalentwicklung und Kundensupport sind nur einige Beispiele für den Mehrwert, den ChatGPT bieten kann. Durch die Anpassung und Personalisierung von ChatGPT-Systemen können Unternehmen die KI-Technologie gezielt für ihre spezifischen Anforderungen und Branchenbedürfnisse nutzen. Dies ermöglicht es, die Vorteile von Künstlicher Intelligenz im Unternehmen voll auszuschöpfen und die Wettbewerbsfähigkeit in einer immer stärker digitalisierten Wirtschaft zu sichern.

4.3.1 Textverarbeitung

In der Textverarbeitung können Unternehmen von der Implementierung von ChatGPT erheblich profitieren. Die Automatisierung von Prozessen und die Generierung von Inhalten sind nur einige der Vorteile, die ChatGPT in diesem Bereich bietet. Mögliche Anwendungsbereiche:

- Erstellen von Texten
- Personalisierung von Texte
- Übersetzungen
- Text Mining
- Textanalyse zur Kundenzufriedenheit
- Autokorrektur von Texten
- Zusammenfassungen
- Automatisierte Texterkennung und -transkription
- Generierung von Verträgen und rechtlichen Dokumenten
- SEO Optimierung

Ein wesentlicher Vorteil von ChatGPT ist das automatische Erstellen von Texten auf Basis von Daten. Dies kann beispielsweise bei der Erstellung von Berichten, Geschäftsplänen oder Analysen genutzt werden. Durch die Fähigkeit, große Mengen an Daten zu verarbeiten und in verständliche Texte umzuwandeln, können Unternehmen effizienter arbeiten und wertvolle Zeit sparen.

Die Generierung von personalisierten Texten, insbesondere in der Kundenkommunikation, ist ein weiterer wichtiger Aspekt, in dem ChatGPT zum Einsatz kommen kann. Personalisierte Nachrichten können dazu beitragen, die Kundenbindung zu stärken und eine individuelle Kundenansprache zu gewährleisten. Dabei kann ChatGPT auf Kundenpräferenzen und -verhalten eingehen, um zielgerichtete Botschaften zu formulieren.

Die Verbesserung von Übersetzungsprozessen durch automatisierte Sprachverarbeitung ist ein weiterer Bereich, in dem ChatGPT seine Stärken ausspielen kann. Die Fähigkeit, mehrere Sprachen zu verarbeiten und dabei den Kontext zu berücksichtigen, ermöglicht es, schnell und präzise Übersetzungen anzufertigen. Dies trägt zur Effizienzsteigerung bei und erleichtert die Kommunikation zwischen internationalen Geschäftspartnern.

Der Einsatz von Text Mining zur Identifikation von wichtigen Themen und Trends ist ein zusätzliches Anwendungsgebiet von ChatGPT. Durch die Analyse großer Textmengen kann ChatGPT Muster und Zusammenhänge erkennen, die für das Unternehmen von Bedeutung sein können. Dies kann bei der strategischen Planung und Entscheidungsfindung eine wertvolle Unterstützung bieten.

Eine weitere Anwendung ist die automatisierte Textanalyse zur Bewertung von Kundenzufriedenheit und -feedback. ChatGPT kann Kundenbewertungen und Kommentare aus verschiedenen Quellen analysieren, um Erkenntnisse über die Zufriedenheit der Kunden und mögliche Verbesserungspotenziale zu gewinnen. So können Unternehmen gezielt auf Kundenbedürfnisse eingehen und ihre Produkte und Dienstleistungen optimieren.

Das automatisierte Erkennen von Fehlern und Inkonsistenzen in Texten ermöglicht eine höhere Textqualität und trägt zur Professionalisierung der Unternehmenskommunikation bei. ChatGPT kann Grammatik-, Rechtschreib- und Stilfehler identifizieren und Korrekturvorschläge anbieten. Dies führt zu einer verbesserten Textqualität und einem einheitlichen Schreibstil innerhalb des Unternehmens.

Mit der Fähigkeit, automatisch Texte und Dokumente zusammenzufassen, kann ChatGPT zur Effizienzsteigerung beitragen. Indem es die wichtigsten Informationen aus umfangreichen Texten extrahiert und prägnant zusammenfasst, ermöglicht es den Nutzern, sich schnell einen Überblick über die relevanten Inhalte zu verschaffen.

Die Verbesserung von Arbeitsabläufen durch automatisierte Texterkennung und -transkription ist ein weiterer Vorteil von ChatGPT. Die Fähigkeit, handschriftliche oder gesprochene Texte zu erkennen und in digitale Formate zu übertragen, ermöglicht eine schnellere Verarbeitung von Informationen und reduziert den manuellen Aufwand. Dies kann beispielsweise bei der Verarbeitung von handschriftlichen Notizen oder der Transkription von Gesprächen und Meetings angewendet werden.

Die automatisierte Generierung von Verträgen und rechtlichen Dokumenten ist ein weiteres Anwendungsgebiet, in dem ChatGPT Zeit und Ressourcen sparen kann. Indem es auf Basis von Standardvorlagen und spezifischen Anforderungen maßgeschneiderte Verträge erstellt, ermöglicht ChatGPT eine effiziente Vertragsgestaltung. Dies kann sowohl bei internen Vertragsangelegenheiten als auch bei der Kommunikation mit Geschäftspartnern zum Einsatz kommen.

Schließlich kann ChatGPT auch zur automatisierten Textoptimierung für SEO-Zwecke verwendet werden. Die Fähigkeit, Schlüsselwörter und relevante Phrasen zu identifizieren und in den Text einzufügen, trägt dazu bei, die Sichtbarkeit von Webinhalten in Suchmaschinen zu erhöhen. Dies kann insbesondere für Marketing- und Kommunikationsabteilungen von Vorteil sein, die darauf abzielen, die Reichweite ihrer Inhalte zu erhöhen und neue Kunden zu gewinnen.

Insgesamt zeigt sich, dass ChatGPT in der Textverarbeitung eine Vielzahl von Anwendungsmöglichkeiten bietet, die zur Effizienzsteigerung, Qualitätsverbesserung und Personalisierung beitragen können. Durch die Integration von ChatGPT in die Textverarbeitungsprozesse können Unternehmen ihre Arbeitsabläufe optimieren, Ressourcen sparen und letztendlich ihre Wettbewerbsfähigkeit steigern.

4.3.2 Tabellenkalkulation

Ein wesentlicher Bereich, in dem ChatGPT im Finanzbereich eines Unternehmens eingesetzt werden kann, ist die Tabellenkalkulation. Eine der Hauptanwendungen ist die automatisierte Generierung von Reports und Dashboards. ChatGPT kann aufgrund seiner Fähigkeiten zur Datenverarbeitung und -analyse komplexe Berichte erstellen, die Einblicke in die finanzielle Performance eines Unternehmens geben. Diese Berichte können beispielsweise Umsatz-, Gewinn- und Verlustrechnungen oder Kennzahlen zur Rentabilität und Liquidität umfassen.

Die Vorhersage von Trends und zukünftigen Entwicklungen durch Analyse von Daten in Tabellenkalkulationen stellt eine weitere Anwendung von ChatGPT dar. Mithilfe von historischen Daten und Algorithmen zur Trendanalyse kann die KI zukünftige

Entwicklungen prognostizieren, was Entscheidungsträgern dabei hilft, strategische Entscheidungen zu treffen und Risiken zu minimieren.

Die automatisierte Konsolidierung und Bereinigung von Daten in verschiedenen Tabellen ist ein weiterer Vorteil von ChatGPT. Durch das Erkennen und Zusammenführen von redundanten oder inkonsistenten Daten kann die KI die Datenqualität verbessern und somit eine genauere Analyse ermöglichen. Dies kann beispielsweise bei der Zusammenführung von Finanzdaten aus verschiedenen Abteilungen oder Geschäftsbereichen angewendet werden.

ChatGPT kann auch zur automatisierten Erstellung von Tabellen und Diagrammen aus Daten eingesetzt werden. Dies erleichtert die Visualisierung von Daten und ermöglicht es den Benutzern, wichtige Erkenntnisse und Trends leichter zu erkennen. Beispielsweise können Balken-, Liniendiagramme oder Heatmaps erstellt werden, um die Entwicklung von Finanzkennzahlen über die Zeit darzustellen.

Ein weiteres Anwendungsgebiet von ChatGPT in der Tabellenkalkulation ist die automatisierte Erkennung von Anomalien und Ausreißern in Daten. Durch den Einsatz von Algorithmen zur Mustererkennung kann die KI ungewöhnliche Datenpunkte identifizieren, die auf Fehler oder besondere Ereignisse hinweisen können. Dies ermöglicht eine frühzeitige Identifikation von Problemen und die Möglichkeit, gezielte Gegenmaßnahmen zu ergreifen.

Die automatisierte Erstellung von Budgets und Finanzprognosen stellt eine weitere Möglichkeit dar, wie ChatGPT im Finanzbereich eingesetzt werden kann. Basierend auf historischen Daten, aktuellen Trends und unternehmensinternen Faktoren kann die KI präzise Budgets und Prognosen erstellen, die den Entscheidungsträgern helfen, ihre Finanzplanung zu optimieren.

ChatGPT kann auch zur automatisierten Datenanalyse zur Identifikation von Optimierungspotenzialen in Prozessen verwendet werden. Durch die Analyse von Finanzdaten und Prozessabläufen können Schwachstellen und Ineffizienzen identifiziert werden, die anschließend adressiert und optimiert werden können.

Die Verbesserung von Arbeitsabläufen durch automatisierte Datenverarbeitung und -analyse ist ein weiterer Vorteil von ChatGPT. Indem es manuelle Prozesse automatisiert und zeitaufwendige Aufgaben reduziert, ermöglicht die KI eine effizientere Nutzung von Ressourcen und eine höhere Produktivität in Finanzabteilungen.

Ein praktisches Beispiel für den Einsatz von ChatGPT in der Tabellenkalkulation ist die automatisierte Erstellung von Angebots- und Auftragslisten. Durch die Analyse von Kundendaten, Produktinformationen und Preisstrukturen kann die KI präzise Angebote erstellen, die auf individuelle Kundenbedürfnisse zugeschnitten sind. Dies beschleunigt den Verkaufsprozess und verbessert die Kundenbindung.

Schließlich kann ChatGPT auch für die automatisierte Erstellung von Zeiterfassungs- und Abrechnungslisten eingesetzt werden. Die KI kann Mitarbeiterdaten, Arbeitszeiten und Gehaltsstrukturen analysieren und daraus präzise Abrechnungen erstellen. Dies reduziert Fehler in der Abrechnung und vereinfacht den Abrechnungsprozess für Personalabteilungen und Führungskräfte.

Insgesamt zeigt die Anwendung von ChatGPT in der Tabellenkalkulation im Finanzbereich eines Unternehmens, wie die künstliche Intelligenz dazu beitragen kann, Arbeitsabläufe zu optimieren, Ressourcen effizienter zu nutzen und bessere Entscheidungen auf der Grundlage von präzisen Daten und Analysen zu treffen. Die Integration von ChatGPT in bestehende Tabellenkalkulationssoftware kann somit eine wertvolle Ergänzung für CFOs und andere Führungskräfte in Finanzabteilungen darstellen.

4.3.3 Präsentationen

Die Integration von ChatGPT in Präsentationssoftware bietet zahlreiche Möglichkeiten zur Verbesserung von Präsentationen im Finanzbereich eines Unternehmens. Eine solche Integration ermöglicht die Automatisierung von Folieninhalten, wodurch CFOs und Führungskräfte Zeit sparen und sich auf andere Aufgaben konzentrieren können. ChatGPT kann dabei helfen, relevante Informationen aus verschiedenen Datenquellen zu extrahieren und diese in ansprechender und verständlicher Form zu präsentieren.

Durch die Nutzung von ChatGPT können die Struktur und Konsistenz von Präsentationen verbessert werden. Die KI kann die inhaltliche Abfolge und die Visualisierung von Informationen optimieren, sodass die Präsentation klar, überzeugend und ansprechend gestaltet ist. Dies ist besonders wichtig, wenn komplexe Finanzdaten präsentiert werden müssen, um fundierte Entscheidungen zu treffen.

Ein weiterer Vorteil von ChatGPT in der Erstellung von Präsentationen ist die Möglichkeit, interaktive Präsentationen zu erstellen. Die KI kann beispielsweise auf Fragen der Zuhörer eingehen und relevante Informationen in Echtzeit bereitstellen. Dies fördert die Diskussion und das Verständnis der präsentierten Inhalte.

ChatGPT kann auch dazu verwendet werden, Präsentationen an unterschiedliche Zielgruppen anzupassen. Basierend auf den Bedürfnissen und dem Kenntnisstand der Zuhörer kann die KI den Inhalt und die Darstellung der Informationen optimieren, um die maximale Wirkung zu erzielen.

Die Erstellung von Executive Summaries und Zusammenfassungen gehört ebenfalls zu den Anwendungsmöglichkeiten von ChatGPT in Präsentationen. Durch die automatisierte Extraktion der wichtigsten Informationen aus umfangreichen Berichten oder Analysen kann die KI prägnante und aussagekräftige Zusammenfassungen erstellen, die den Führungskräften einen schnellen Überblick über die wesentlichen Punkte bieten.

Mithilfe von ChatGPT können Präsentationen zudem sprachgesteuert werden. Dies ermöglicht eine natürlichere und flexiblere Steuerung der Präsentation, was besonders bei spontanen Diskussionen oder Fragen von Vorteil sein kann.

Die Verbesserung der Präsentationsfähigkeiten durch Feedback und Empfehlungen von ChatGPT ist ein weiterer Aspekt, der den Finanzbereich eines Unternehmens bereichern kann. Die KI kann den Vortragenden konstruktive Rückmeldungen und Tipps geben, um ihre Präsentationstechniken zu verfeinern und das Publikum besser zu erreichen.

Die Erstellung von Bild- und Videomaterial für Präsentationen kann ebenfalls durch ChatGPT unterstützt werden. Die KI kann automatisiert passendes visuelles Material aus einer Vielzahl von Quellen erstellen oder auswählen, um die Präsentation ansprechender und informativer zu gestalten.

Schließlich kann die Integration von ChatGPT in Präsentationstools zur Verbesserung der Zusammenarbeit und des Feedbacks beitragen. Die KI kann den Austausch von Informationen und Ideen zwischen Teammitgliedern erleichtern und gleichzeitig eine kontinuierliche Verbesserung der Präsentationen durch konstruktives Feedback ermöglichen.

Insgesamt eröffnet die Integration von ChatGPT in Präsentationen eine Vielzahl von Möglichkeiten zur Effizienzsteigerung und Verbesserung der Kommunikation im Finanzbereich eines Unternehmens. Die Automatisierung von Inhalten, die Anpassung an unterschiedliche Zielgruppen, die Erstellung interaktiver Präsentationen und die Optimierung von Struktur und Konsistenz sind nur einige der Vorteile, die ChatGPT in diesem Bereich bietet. Die verbesserte Zusammenarbeit und das Feedback zwischen Teammitgliedern sowie die Unterstützung bei der Erstellung von Bild- und Videomaterial tragen ebenfalls zu einer gesteigerten Qualität von Präsentationen bei.

In Anbetracht dieser vielfältigen Anwendungsmöglichkeiten kann ChatGPT im Finanzbereich eines Unternehmens als ein wertvolles Instrument betrachtet werden, das dazu beiträgt, die Effektivität von Präsentationen und die Kommunikation zwischen Führungskräften und Mitarbeitern zu optimieren. Dies ermöglicht eine fundiertere Entscheidungsfindung und trägt zu einer besseren Erfüllung der Geschäftsziele bei.

4.3.4 Mail & Chat

In der heutigen Geschäftswelt spielen E-Mail- und Chat-Systeme eine zentrale Rolle in der Kommunikation zwischen den verschiedenen Abteilungen und Hierarchieebenen eines Unternehmens, insbesondere im Finanzbereich. Die Integration von ChatGPT in diese Systeme kann eine Vielzahl von Vorteilen bieten und die Effizienz der Kommunikation deutlich verbessern.

Durch die automatisierte Beantwortung von E-Mails und Chat-Nachrichten kann ChatGPT die Reaktionszeiten und -qualität erheblich verbessern. Dies führt zu einer beschleunigten Kommunikation und effektiveren Entscheidungsfindung. Die Anpassung der Sprache und des Tons von E-Mails und Chat-Nachrichten durch ChatGPT ermöglicht eine bessere Verständigung zwischen den verschiedenen Abteilungen und fördert eine positive Arbeitsatmosphäre.

Eine weitere Stärke von ChatGPT liegt in der Personalisierung von E-Mails und Chat-Nachrichten. Indem ChatGPT den Inhalt auf die Bedürfnisse und Präferenzen des

Empfängers zuschneidet, wird eine effektivere Kommunikation ermöglicht, die wiederum zu einer verbesserten Zusammenarbeit und einer höheren Mitarbeiterzufriedenheit führen kann.

Die Verbesserung der E-Mail- und Chat-Sicherheit ist ein weiterer entscheidender Aspekt, bei dem ChatGPT eingesetzt werden kann. Durch die Identifizierung und Blockierung von Phishing-Versuchen und anderen sicherheitsrelevanten Bedrohungen kann ChatGPT dazu beitragen, das Risiko von Cyberangriffen und Datenverlusten zu minimieren.

ChatGPT kann auch zur Priorisierung von E-Mails und Chat-Nachrichten eingesetzt werden, indem es die Dringlichkeit und Relevanz von Nachrichten erkennt und sie entsprechend einordnet. Dies erleichtert den Überblick über die anfallenden Aufgaben und trägt zu einer effizienteren Arbeitsweise bei.

Die automatisierte Erstellung von Terminen und Aufgaben durch ChatGPT ermöglicht eine bessere Organisation und Planung von Arbeitsabläufen. Durch die nahtlose Integration in gängige Kalender- und Aufgabenverwaltungssysteme kann ChatGPT den Arbeitsalltag im Finanzbereich eines Unternehmens erheblich erleichtern.

Die Möglichkeit der Erstellung von automatisierten Antworten bei Abwesenheit durch ChatGPT stellt sicher, dass eingehende Anfragen auch während Urlaubs- oder Krankheitszeiten angemessen beantwortet werden. Dies trägt zur Aufrechterhaltung eines hohen Serviceniveaus bei und entlastet die Kollegen.

Schließlich kann ChatGPT zur Erstellung von Statistiken und Berichten über E-Mail- und Chat-Aktivitäten eingesetzt werden. Diese Informationen sind wertvoll, um die Effektivität der Kommunikation innerhalb des Unternehmens zu analysieren und gegebenenfalls Optimierungen vorzunehmen.

Zusammenfassend bietet die Integration von ChatGPT in E-Mail- und Chat-Systeme zahlreiche Vorteile, die sich positiv auf die Kommunikation, Sicherheit und Effizienz im Finanzbereich eines Unternehmens auswirken. Die Automatisierung und Personalisierung von Nachrichten, die Verbesserung der Reaktionszeiten und -qualität, sowie die Unterstützung bei der Organisation und Planung von Terminen und Aufgaben sind nur einige der zahlreichen Funktionen, die ChatGPT in diesem Bereich bietet. Darüber hinaus trägt die Anpassung der Sprache und des Tons zur Förderung einer positiven Arbeitsatmosphäre bei, während die Verbesserung der E-Mail- und Chat-Sicherheit das Risiko von Cyberangriffen und Datenverlusten minimiert.

Die Priorisierung von E-Mails und Chat-Nachrichten durch ChatGPT hilft Mitarbeitern, ihre Arbeitsbelastung besser zu bewältigen und wichtige Aufgaben rechtzeitig zu identifizieren. Die automatisierten Abwesenheitsantworten sorgen dafür, dass Anfragen auch während der Abwesenheit von Mitarbeitern angemessen beantwortet werden, was das Serviceniveau aufrechterhält und Kollegen entlastet.

Die Erstellung von Statistiken und Berichten über E-Mail- und Chat-Aktivitäten ermöglicht eine detaillierte Analyse der internen Kommunikation und hilft dabei, Optimierungspotenziale zu identifizieren und gezielte Verbesserungen umzusetzen. Dies trägt letztendlich zu einer effizienteren und effektiveren Arbeitsweise im Finanzbereich eines Unternehmens bei.

Insgesamt zeigt sich, dass die Integration von ChatGPT in Mail- und Chat-Systeme den Finanzbereich eines Unternehmens erheblich verbessern kann. Die Automatisierung und Personalisierung von Kommunikation, die Optimierung von Arbeitsabläufen und die Unterstützung bei der Organisation und Planung sind nur einige der zahlreichen Vorteile, die ChatGPT in diesem Kontext bietet. Durch die Nutzung dieser Technologie können CFOs und andere Führungskräfte im Finanzbereich die Effizienz ihrer Teams steigern, die Sicherheit erhöhen und die Zusammenarbeit fördern, um letztendlich den Erfolg des Unternehmens zu sichern.

4.3.5 Intranet

Die Integration von ChatGPT in bestehende Intranet-Plattformen ermöglicht eine effizientere Informationsbeschaffung und Kommunikation innerhalb eines Unternehmens. Durch die Automatisierung von Routineanfragen können Mitarbeiter schneller Antworten auf ihre Fragen erhalten, was die Arbeitsbelastung reduziert und die Produktivität steigert. Die Personalisierung von Intranet-Inhalten durch ChatGPT stellt sicher, dass die bereitgestellten Informationen auf die Bedürfnisse und Interessen der einzelnen Mitarbeiter zugeschnitten sind.

Im Bereich des internen Wissensmanagements spielt ChatGPT eine entscheidende Rolle. Durch die Integration in Wissensmanagement-Systeme kann ChatGPT relevante Informationen schnell und präzise extrahieren, was den Zugang zu unternehmensspezifischen Kenntnissen und Expertise vereinfacht. In Verbindung mit ChatGPT-gestützten Diskussionsforen kann dies die interne Kommunikation und den Austausch von Informationen zwischen den Mitarbeitern verbessern.

ChatGPT kann zudem bei der Erstellung und Aktualisierung von Intranet-Richtlinien und -Prozessen eingesetzt werden, um die Einhaltung von Vorschriften und unternehmensinternen Standards sicherzustellen. Indem ChatGPT Mitarbeiter bei der Suche nach internen Ressourcen und Experten unterstützt, können Entscheidungen besser fundiert und effektiver getroffen werden.

Die ChatGPT-gestützte Übersetzung von Intranet-Inhalten in verschiedene Sprachen ist besonders für international agierende Unternehmen von Bedeutung, da sie die Kommunikation und Zusammenarbeit über Landesgrenzen hinweg erleichtert.

Schließlich kann ChatGPT zur Analyse von Intranet-Nutzungsdaten verwendet werden, um Empfehlungen für Verbesserungen und Anpassungen der Plattform abzuleiten. Durch die Identifizierung von Trends und Optimierungspotenzialen kann das Intranet kontinuierlich an die Bedürfnisse der Mitarbeiter angepasst und somit seine Effektivität und Benutzerfreundlichkeit gesteigert werden.

Insgesamt zeigt sich, dass die Integration von ChatGPT in Intranet-Plattformen ein hohes Potenzial zur Verbesserung der Effizienz und Effektivität von Finanzbereichen in Unternehmen bietet. Durch die Automatisierung von Routineanfragen, die Personalisierung von Inhalten und die Unterstützung von Wissensmanagement und internen Schulungen kann ChatGPT dazu beitragen, den Informationsfluss und die Kommunikation innerhalb des Unternehmens zu optimieren, wodurch letztendlich die Arbeitsabläufe im Finanzbereich verbessert werden.

4.3.6 Chat-Bot

Die Integration von ChatGPT in bestehende Chat-Bot-Systeme eröffnet neue Möglichkeiten zur Automatisierung und Verbesserung der internen und externen Kommunikation in Unternehmen. Mit ChatGPT-gestützten Bots können sowohl Kundensupport als auch Helpdesk-Anfragen effizient und präzise bearbeitet werden, wodurch die Kundenzufriedenheit und die Produktivität der Mitarbeiter gesteigert werden.

Ein wesentlicher Vorteil von ChatGPT-Bots liegt in ihrer Anpassungsfähigkeit an branchenspezifische Anforderungen. Sie können auf die jeweiligen Bedürfnisse und Besonderheiten der verschiedenen Industrien zugeschnitten werden, was ihren Einsatz in unterschiedlichen Finanzbereichen ermöglicht. Datenschutz und Sicherheitsaspekte sind dabei von entscheidender Bedeutung und müssen bei der Verwendung von ChatGPT-Bots sorgfältig berücksichtigt werden.

Die Skalierung von ChatGPT-Bots für große Organisationen ist ein weiterer Faktor, der ihren Einsatz im Finanzbereich attraktiv macht. Sie ermöglichen es, große Mengen an Anfragen schnell und effizient zu bearbeiten, ohne dabei an Qualität einzubüßen. Dies ist besonders für Organisationen mit hohem Kommunikationsaufkommen von Bedeutung.

In Entscheidungsfindungsprozessen können ChatGPT-Bots eine wertvolle Unterstützung bieten. Sie können relevante Informationen und Daten analysieren und aufbereiten, um fundierte Entscheidungen zu erleichtern. Darüber hinaus können sie für interne Schulungen und das Onboarding neuer Mitarbeiter eingesetzt werden, indem sie gezielte Informationen und Anleitungen bereitstellen.

Leistungsmessung und Optimierung sind essenziell für den erfolgreichen Einsatz von ChatGPT-gestützten Bots. Durch die fortlaufende Analyse ihrer Leistung und die Implementierung von Verbesserungen können Unternehmen sicherstellen, dass die Bots stets auf dem neuesten Stand der Technik sind und ihren Aufgaben effektiv nachkommen.

Ethische und gesetzliche Rahmenbedingungen für den Einsatz von ChatGPT-Bots müssen ebenfalls berücksichtigt werden. Unternehmen sollten sich über die geltenden Gesetze und Vorschriften im Klaren sein und ihre Bots entsprechend konfigurieren, um die Einhaltung dieser Bestimmungen sicherzustellen.

Insgesamt zeigt sich, dass ChatGPT-Bots eine vielversprechende Technologie für den Finanzbereich darstellen. Durch ihre Anpassungsfähigkeit, Skalierbarkeit und die Möglichkeit, sie für unterschiedliche Zwecke einzusetzen, können sie zur Optimierung von Kommunikationsprozessen und zur Steigerung der Effizienz in Unternehmen beitragen. Dabei sind Datenschutz, Sicherheit und die Einhaltung ethischer und gesetzlicher Rahmenbedingungen entscheidend für den erfolgreichen Einsatz von ChatGPT-gestützten Bots.

4.3.7 FAQ

Die Automatisierung der FAQ-Erstellung und Aktualisierung mit ChatGPT revolutioniert den Umgang mit häufig gestellten Fragen in Unternehmen. Durch die kontinuierliche Analyse von Anfragen und die Generierung von präzisen Antworten kann ChatGPT dabei helfen, den Umfang und die Relevanz von FAQ-Inhalten stets auf dem neuesten Stand zu halten. Zudem ermöglicht die Personalisierung von FAQ-Inhalten für verschiedene Nutzergruppen, zielgerichtete und spezifische Informationen bereitzustellen.

ChatGPT kann zur Identifikation von häufig gestellten Fragen eingesetzt werden, indem es die Anfragen von Nutzern analysiert und entsprechende Muster erkennt. Diese Informationen können dann genutzt werden, um die Benutzerfreundlichkeit von FAQ-Seiten zu verbessern, indem beispielsweise die Struktur und das Design angepasst werden.

Die ChatGPT-gestützte Analyse von FAQ-Nutzungsdaten zur Optimierung ermöglicht es Unternehmen, ihre FAQ-Seiten kontinuierlich zu verbessern. Durch die Identifikation von Schwachstellen oder Wissenslücken können gezielte Anpassungen vorgenommen werden, um die Informationsversorgung der Nutzer zu optimieren.

Die Nutzung von ChatGPT für die Übersetzung von FAQ-Inhalten in verschiedene Sprachen bietet einen erheblichen Mehrwert für international tätige Unternehmen. Durch die Bereitstellung von FAQ-Inhalten in mehreren Sprachen können Informationen leichter zugänglich gemacht und die Kundenzufriedenheit erhöht werden.

Die Integration von ChatGPT-gestützten FAQ in bestehende Kundensupport-Systeme ermöglicht eine effizientere und effektivere Bearbeitung von Anfragen. Die Kombination von menschlichen und KI-gestützten Ressourcen kann dazu beitragen, den Kundenservice insgesamt zu verbessern und den Arbeitsaufwand für Support-Mitarbeiter zu reduzieren.

Der ChatGPT-Einsatz zur Identifizierung von Wissenslücken und Verbesserungspotenzial hilft Unternehmen dabei, ihre FAQ-Inhalte kontinuierlich zu optimieren. Durch die Identifizierung von Themen, die noch nicht ausreichend abgedeckt sind, können gezielte Maßnahmen ergriffen werden, um den Informationsgehalt der FAQ-Seiten zu erweitern.

Die Sicherstellung der Aktualität und Genauigkeit von ChatGPT-generierten FAQ-Inhalten ist von großer Bedeutung. Unternehmen müssen daher sicherstellen, dass die von

ChatGPT bereitgestellten Informationen regelmäßig überprüft und aktualisiert werden, um Fehlinformationen oder veraltete Daten zu vermeiden.

Schließlich spielt die Zusammenarbeit von ChatGPT mit menschlichen Experten zur FAQ-Erstellung eine entscheidende Rolle. Die Kombination von menschlichem Fachwissen und KI-generierten Inhalten ermöglicht es, umfassende und qualitativ hochwertige FAQ-Seiten zu erstellen, die den Bedürfnissen der Nutzer gerecht werden. Diese nahtlose Zusammenarbeit zwischen menschlichen Experten und ChatGPT eröffnet neue Möglichkeiten zur Steigerung der Effizienz im Informationsmanagement. Durch den Einsatz von Künstlicher Intelligenz können Experten ihre Zeit und Ressourcen besser auf strategische und kritische Aufgaben fokussieren, während ChatGPT die Routinearbeit bei der FAQ-Erstellung und -Aktualisierung übernimmt.

Eine weitere Anwendung von ChatGPT in diesem Kontext ist die Unterstützung von Entscheidungsfindungsprozessen. Indem häufig gestellte Fragen und deren Antworten analysiert werden, können Unternehmen Einblicke in die Bedürfnisse und Herausforderungen ihrer Kunden gewinnen. Diese Informationen können genutzt werden, um strategische Entscheidungen zu treffen, beispielsweise in Bezug auf Produktentwicklung oder Serviceverbesserungen.

Die Skalierung von ChatGPT-gestützten FAQ-Systemen ist ebenfalls von Bedeutung, insbesondere für große Organisationen mit komplexen Anforderungen. Die Fähigkeit, den Umfang und die Tiefe der bereitgestellten Informationen schnell und effizient zu erweitern, ist entscheidend, um den Bedürfnissen einer wachsenden und sich verändernden Nutzerbasis gerecht zu werden.

Darüber hinaus kann ChatGPT auch für interne Schulungen und Onboarding eingesetzt werden. Durch die Generierung von FAQ-Inhalten, die auf die spezifischen Bedürfnisse neuer Mitarbeiter zugeschnitten sind, kann der Einarbeitungsprozess beschleunigt und der Zugang zu relevanten Informationen erleichtert werden.

Datenschutz und Sicherheitsaspekte sind bei der Verwendung von ChatGPT-gestützten FAQ-Systemen von zentraler Bedeutung. Unternehmen müssen sicherstellen, dass die Verarbeitung und Speicherung von sensiblen Daten in Übereinstimmung mit geltenden Datenschutzbestimmungen erfolgt. Dies schließt auch die Einhaltung von branchenspezifischen Anforderungen und internationalen Standards ein.

Die ethischen und gesetzlichen Rahmenbedingungen für den Einsatz von ChatGPT-Bots in der FAQ-Erstellung und -Aktualisierung müssen ebenfalls berücksichtigt werden. Unternehmen sind angehalten, transparente und verantwortungsvolle KI-Praktiken zu implementieren und die Auswirkungen der KI-gestützten Systeme auf ihre Kunden, Mitarbeiter und die Gesellschaft insgesamt zu überwachen und zu bewerten.

Insgesamt bietet die Integration von ChatGPT in FAQ-Systeme erhebliche Vorteile für Unternehmen in verschiedenen Finanzbereichen. Die Automatisierung von FAQ-Erstellung und -Aktualisierung, die Personalisierung von Inhalten und die Verbesserung der Benutzerfreundlichkeit sind nur einige der vielen Möglichkeiten, mit denen ChatGPT die Effizienz und Effektivität von Informationsmanagement-Systemen verbessern kann.

Die Einhaltung von Datenschutz-, Sicherheits- und ethischen Standards ist dabei unerlässlich, um die Vorteile der KI-Technologie verantwortungsvoll und nachhaltig zu nutzen.

4.3.8 Berichte

Die Automatisierung der Erstellung von internen und externen Berichten mit ChatGPT stellt eine bedeutende Innovation im Bereich des Finanzwesens dar. Durch die ChatGPT-gestützte Analyse von Finanz- und Geschäftsdaten können Berichte effizienter erstellt und aufbereitet werden, was zu einer erhöhten Genauigkeit und einer verbesserten Entscheidungsfindung beiträgt. Die Integration von ChatGPT in bestehende Berichterstattungsprozesse und -systeme ermöglicht eine nahtlose und effektive Zusammenarbeit zwischen Menschen und KI.

Eine der Stärken von ChatGPT besteht in der Anpassungsfähigkeit. Dies ermöglicht die Anpassung von ChatGPT-generierten Berichten an verschiedene Zielgruppen, beispielsweise Fachabteilungen, Führungskräfte oder externe Stakeholder. Die Verbesserung der Lesbarkeit und Verständlichkeit von Berichten durch den Einsatz von ChatGPT trägt dazu bei, dass Informationen leichter verarbeitet und Entscheidungen schneller getroffen werden können.

Ein weiterer Vorteil des Einsatzes von ChatGPT liegt in der automatisierten Aktualisierung von Berichten. Durch den kontinuierlichen Zugriff auf relevante Finanz- und Geschäftsdaten kann ChatGPT Berichte in Echtzeit aktualisieren, was die Reaktionsfähigkeit von Unternehmen auf Marktveränderungen und neue Geschäftschancen erhöht.

Die Unterstützung von Entscheidungsträgern durch ChatGPT-generierte Berichte ist ebenfalls ein wichtiger Aspekt. Die Fähigkeit, komplexe Datenmuster zu analysieren und verständlich aufzubereiten, ermöglicht es Führungskräften, fundierte Entscheidungen auf der Grundlage aktueller und genauer Informationen zu treffen. Darüber hinaus kann ChatGPT auch zur Erstellung von Management- und Vorstandspräsentationen eingesetzt werden, um die Kommunikation von Geschäftsstrategien und Ergebnissen zu optimieren.

Die Sicherstellung der Datenqualität und -integrität in ChatGPT-generierten Berichten ist von entscheidender Bedeutung. Unternehmen müssen strenge Kontrollen und Überprüfungsprozesse implementieren, um sicherzustellen, dass die von ChatGPT erstellten Berichte präzise, verlässlich und konsistent sind. Dies schließt die Überwachung von KI-generierten Inhalten sowie die Zusammenarbeit mit menschlichen Experten zur Validierung von Ergebnissen ein.

Die Einhaltung von gesetzlichen und regulatorischen Anforderungen bei der Berichterstattung mit ChatGPT ist ebenfalls von großer Bedeutung. Unternehmen müssen sicherstellen, dass die von ChatGPT generierten Berichte den gesetzlichen Vorgaben und Branchenstandards entsprechen. Dies erfordert eine enge Zusammenarbeit zwischen Compliance-, Rechts- und Finanzabteilungen, um die korrekte Anwendung von Vorschriften und Richtlinien in den von ChatGPT erstellten Berichten zu gewährleisten.

Insgesamt bietet der Einsatz von ChatGPT im Bereich der Berichterstattung bedeutende Vorteile für Unternehmen im Finanzsektor. Durch die Automatisierung von Prozessen, die Anpassungsfähigkeit an verschiedene Zielgruppen und die Unterstützung von Entscheidungsträgern können Unternehmen ihre Effizienz steigern und bessere Geschäftsentscheidungen treffen. Die Integration von ChatGPT in bestehende Systeme und Prozesse ermöglicht zudem eine kontinuierliche Verbesserung der Berichterstattung, während gleichzeitig die Datenqualität und -integrität sowie die Einhaltung gesetzlicher und regulatorischer Anforderungen gewährleistet werden.

Um den vollen Nutzen von ChatGPT im Bereich der Berichterstattung zu realisieren, ist es wichtig, dass Unternehmen auch ihre internen Prozesse und Strukturen entsprechend anpassen. Dies umfasst die Schulung von Mitarbeitern in der Nutzung von ChatGPT-generierten Berichten sowie die Implementierung von robusten Kontroll- und Überprüfungsmechanismen zur Sicherstellung der Qualität und Genauigkeit von KI-generierten Inhalten.

Darüber hinaus sollte die Zusammenarbeit von ChatGPT mit menschlichen Experten zur Erstellung von Berichten nicht unterschätzt werden. Durch die Kombination von KI-generierten Analysen und menschlichem Fachwissen können Unternehmen sicherstellen, dass ihre Berichte sowohl datengestützt als auch von hoher Relevanz und Aussagekraft sind.

Insgesamt zeigt sich, dass der Einsatz von ChatGPT im Bereich der Berichterstattung das Potenzial hat, die Finanzabteilungen von Unternehmen grundlegend zu verändern. Durch die Automatisierung von Routineaufgaben, die Anpassung an verschiedene Zielgruppen und die Unterstützung von Entscheidungsträgern können Unternehmen ihre Ressourcen effektiver nutzen, um strategische Ziele zu erreichen und nachhaltiges Wachstum zu fördern.

Literatur

Appelfeller, W./Feldmann, C., Die digitale Transformation des Unternehmens, 2023, https://doi.org/10.1007/978-3-662-65413-2

Rath, M., et al. (Hrsg.), Maschinenethik, Ethik in mediatisierten Welten, 2019, https://doi.org/10.1007/978-3-658-21083-0

Controlling/Business Intelligence 5

Um die Audioversion dieses Kapitels zu hören, klicken Sie auf den Link oder scannen Sie ihn mit der Springer Nature More Media App:
► sn.pub/ifvu5e

5.1 Zusammenfassung

GPT in der Finanz-, Compliance- und Prüfungsbranche bietet zahlreiche Vorteile und Möglichkeiten für den Einsatz im Controlling, der Prognose und Planung sowie in der Analyse von Kunden- und Marktdaten.

Durch den Einsatz von Dashboards können Entscheider wichtige Kennzahlen und Entwicklungen schnell erfassen und fundierte Entscheidungen in verschiedenen Geschäftsbereichen treffen. ChatGPT bietet auch Funktionen zur Analyse und Prognose von Daten. Die Erkennung von Mustern und Trends ermöglicht es Unternehmen, frühzeitig auf Veränderungen im Markt zu reagieren und ihre Strategien entsprechend anzupassen.

Der Einsatz von Chatbots zur Automatisierung von Reportings erleichtert den Zugang zu relevanten Informationen und ermöglicht das Management, jederzeit und von jedem Ort aus auf diese Daten zuzugreifen. Die menschliche Komponente bleibt jedoch von Bedeutung, um die Ergebnisse der automatisierten Reportings zu bewerten und entsprechende Handlungsempfehlungen abzuleiten.

© Der/die Autor(en), exklusiv lizenziert an Springer Fachmedien Wiesbaden GmbH, ein Teil von Springer Nature 2025

T. Hüsch et al., *Einsatzmöglichkeiten von GPT in Finance, Compliance und Audit*, https://doi.org/10.1007/978-3-658-49460-5_5

Im Bereich der Prognose und Planung kann ChatGPT die Genauigkeit von Prognosen erhöhen und die Effizienz der Planung steigern. Anwendungsmöglichkeiten umfassen Umsatz- und Absatzprognosen, Kostenprognosen und Ressourcenallokation, Cashflow-Prognose und Liquiditätsplanung sowie die Integration in bestehende Planungs- und Prognosemodelle. ChatGPT kann auch helfen, Risiken und Chancen in der Planung frühzeitig zu identifizieren, Szenarioanalysen und Simulationen durchzuführen und sich an sich ändernde Marktbedingungen und Unsicherheiten anzupassen.

Die Identifikation von Abweichungen ist im Controlling entscheidend. Durch den Einsatz von ChatGPT in der Abweichungsanalyse können Unternehmen Abweichungen schneller erkennen und die Ursachen und Treiber identifizieren. Dies ermöglicht eine effizientere Steuerung der Geschäftsprozesse und eine bessere Reaktion auf Veränderungen in der Unternehmensumwelt.

Im Bereich der Analyse von Kunden- und Marktdaten ermöglicht ChatGPT die Automatisierung von Analysen und eine effizientere Verarbeitung großer Datenmengen. Mögliche Einsatzbereiche sind die Identifikation von Kundensegmenten und Marktchancen, die Sentimentanalyse zur Erkennung von Trends und Entwicklungen im Markt sowie die Erkennung von Verkaufspotenzialen und Cross-Selling-Möglichkeiten. Die Integration von ChatGPT in CRM- und BI-Systeme ermöglicht eine effizientere und genauere Kunden- und Marktanalyse.

Insgesamt zeigt sich, dass GPT-Technologie in Finanzabteilungen zahlreiche Vorteile und Anwendungsmöglichkeiten bietet. Unternehmen, die GPT in ihren Prozessen einsetzen, können sich dadurch einen entscheidenden Wettbewerbsvorteil verschaffen.

5.2 Definition und Aufgaben des Controllings und von BI

Das Controlling ist ein zentrales Steuerungsinstrument in Unternehmen. Es hat die Aufgabe, die Unternehmensführung bei der Planung, Steuerung und Kontrolle der Unternehmensaktivitäten zu unterstützen. Dabei wird versucht, die Effizienz und Effektivität der Unternehmensprozesse zu erhöhen.

Business Intelligence (BI) ist ein Oberbegriff für Methoden und Verfahren zur systematischen Sammlung, Aufbereitung, Analyse und Präsentation von Daten. BI dient zur Unterstützung von Entscheidungen auf allen Ebenen eines Unternehmens. Sie ermöglicht es, große Datenmengen aus verschiedenen Quellen zu verarbeiten, um Trends und Muster zu erkennen und daraus Handlungsempfehlungen abzuleiten.

Controlling und BI sind zwar eng miteinander verbunden, haben aber jeweils unterschiedliche Schwerpunkte. Während das Controlling die Unternehmenssteuerung unterstützt, liegt der Fokus von BI in der Datenanalyse und Entscheidungsfindung.

Zu den Aufgaben des Controllings gehören

- Planung: Das Controlling unterstützt die Unternehmensführung bei der Festlegung von Zielen und der Erstellung von Plänen zur Erreichung dieser Ziele.
- Koordination: Das Controlling koordiniert die verschiedenen Unternehmensaktivitäten, um die gesteckten Ziele zu erreichen.
- Kontrolle: Das Controlling überwacht die Zielerreichung und stellt Abweichungen fest, um Gegenmaßnahmen einzuleiten.
- Informationsversorgung: Das Controlling liefert der Unternehmensführung Informationen über die aktuellen Geschäftsentwicklungen.

Zu den Aufgaben der BI gehören:

- Datensammlung: Die BI sammelt Daten aus verschiedenen Quellen, um diese für Analysen und Entscheidungen nutzbar zu machen.
- Daten-Aufbereitung: Die BI bereitet die gesammelten Daten so auf, dass sie für die Analyse verwendet werden können.
- Datenanalyse: Die BI analysiert die Daten, um Trends und Muster zu erkennen und diese in einen geschäftlichen Kontext zu bringen.
- Datenpräsentation: Die BI stellt die Ergebnisse der Datenanalyse in Form von Berichten, Dashboards oder Visualisierungen dar.

In sehr großen Unternehmen sind möglicherweise eigene Abteilungen für das Controlling und die BI zuständig. Diese Abteilungen übernehmen in der Regel folgende Verantwortlichkeiten:

- Die Controlling-Abteilung übernimmt die Planung, Koordination und Kontrolle der Unternehmensaktivitäten. Sie liefert der Unternehmensführung die notwendigen Informationen zur Steuerung des Unternehmens.
- Die BI-Abteilung übernimmt die Datenbeschaffung, -aufbereitung und -analyse. Sie stellt die Ergebnisse in Form von Berichten oder Dashboards zur Verfügung.

Wichtig für das Controlling und die BI sind Kennzahlen (Key Performance Indicators, KPIs). Diese ermöglichen es, die Zielerreichung zu messen und die Entwicklung des Unternehmens zu beobachten. Sie sind ein wichtiges Werkzeug, um Verbesserungspotenziale aufzudecken und Gegenmaßnahmen einzuleiten.

Controlling und BI-Abteilungen arbeiten in der Regel eng zusammen. Sie tauschen Daten und Informationen aus, um gemeinsam die bestmöglichen Entscheidungen für das Unternehmen zu treffen.

Aktuelle Entwicklungen im Controlling und BI sind z. B. die verstärkte Nutzung von Predictive Analytics, um Prognosen und Vorhersagen auf Basis von Daten zu treffen, oder die Verwendung von Data Visualization, um Daten in visueller Form darzustellen und somit leichter verständlich zu machen.

5.3 Einsatz von ChatGPT im Controlling und BI

Die Anwendung von ChatGPT im Controlling und Business Intelligence (BI) eines Unternehmens eröffnet zahlreiche neue Möglichkeiten zur Effizienzsteigerung und Qualitätsverbesserung. Im Folgenden werden einige Anwendungsgebiete aufgezeigt, in denen ChatGPT zum Einsatz kommen kann:

- Automatisierung von Reportings
- Prognose und Planung mit ChatGPT
- Identifikation von Abweichungen und Handlungsempfehlungen
- Analyse von Kunden- und Marktdaten
- Integration von ChatGPT in vorhandene Controlling- und BI-Systeme

Die Erstellung von regelmäßigen Finanzberichten und Analysen gehört zu den zentralen Aufgaben in der Finanzabteilung eines Unternehmens. Dabei handelt es sich in vielen Fällen um einen standardisierten Prozess, bei dem Daten aus verschiedenen Quellen gesammelt, aufbereitet und in einem Bericht zusammengefasst werden. ChatGPT kann diesen Prozess automatisieren, indem es sich über Schnittstellen in die Quellsysteme einloggt, die gewünschten Informationen abruft und diese automatisch in einen Bericht einfügt. Die Berichte können dann automatisch an die jeweiligen Empfängergruppen versendet werden.

Die Budgetierung und Finanzplanung sind weitere zentrale Aufgaben des Controllings. Die Qualität der Prognosen hat dabei einen großen Einfluss auf die Entscheidungsfindung im Unternehmen. ChatGPT kann hierbei helfen, Prognosen zu präzisieren und Planungsprozesse effizienter zu gestalten. Durch die Verwendung von Algorithmen kann ChatGPT Muster in Finanzdaten erkennen und auf dieser Basis bessere Vorhersagen treffen. Dadurch kann der Prozess der Budgetierung und Finanzplanung optimiert werden.

Die Überwachung von finanziellen Kennzahlen und die Identifikation von Abweichungen ist eine weitere zentrale Aufgabe des Controllings. ChatGPT kann hierbei unterstützen, indem es die Daten automatisch überwacht und Abweichungen erkennt. Zudem kann ChatGPT Handlungsempfehlungen geben, um diese Abweichungen zu korrigieren.

Die Analyse von Kunden- und Marktdaten ist ein weiteres Einsatzgebiet für ChatGPT. Durch die Nutzung von Algorithmen kann ChatGPT Muster in diesen Daten erkennen und Zusammenhänge aufzeigen, die für die strategische Entscheidungsfindung von Bedeutung sind. Beispielsweise kann ChatGPT anzeigen, welche Produkte oder Dienstleistungen besonders gut beim Kunden ankommen und welche weniger. Diese Informationen können dann in die strategische Planung einfließen.

ChatGPT kann in bestehende Controlling- und BI-Systeme integriert werden, um diese zu optimieren. Zum einen kann ChatGPT helfen, Daten zu bereinigen und anzureichern, um die Qualität der Analysen zu verbessern. Zum anderen kann ChatGPT die vorhandenen Systeme um neue Funktionen erweitern, etwa um die Automatisierung von Reportings oder die Erstellung von Prognosen.

5.3.1 Automatisierung von Reportings

Im Rahmen des Controllings spielt das Reporting eine zentrale Rolle, denn es stellt die Grundlage für die Entscheidungsfindung des Managements dar. Neben der Darstellung der aktuellen Geschäftssituation, unterstützt ein effizientes Reporting auch die Planung und Prognose zukünftiger Geschäftsentwicklungen. Mithilfe von ChatGPT kann das Reporting automatisiert werden, was zahlreiche Vorteile mit sich bringt.

Vorteile der Automatisierung von Reportings

Durch die Automatisierung von Reportings mithilfe von ChatGPT können Unternehmen die Effizienz ihrer Controlling-Prozesse deutlich erhöhen. Die Automatisierung ermöglicht es, die Erstellung von Berichten und Dashboards einfacher und schneller durchzuführen. Somit können Berichte regelmäßiger und zeitnaher zur Verfügung gestellt werden, was das Management in die Lage versetzt, zeitnah auf Veränderungen zu reagieren.

Zudem können durch die Automatisierung Fehler reduziert und die Qualität der Berichte gesteigert werden. Die Nutzung von ChatGPT stellt eine höhere Datenkonsistenz sicher und reduziert Risiken durch manuelle Eingriffe. Mithilfe von ChatGPT können zudem Daten aus unterschiedlichen Quellen integriert und zusammengeführt werden, was aussagekräftigere Berichte ermöglicht.

Ein weiterer wichtiger Aspekt der Automatisierung von Reportings ist die Individualisierung von Berichten für verschiedene Stakeholder. ChatGPT bietet die Möglichkeit, maßgeschneiderte Berichte für verschiedene Zielgruppen zu erstellen, ohne dass zusätzlicher manueller Aufwand erforderlich ist. Dies ermöglicht es, Entscheidungsträgern gezielte und relevante Informationen bereitzustellen, die auf ihre spezifischen Bedürfnisse zugeschnitten sind.

Ein konkretes Beispiel für die Individualisierung von Reports ist die Erstellung von abteilungsspezifischen Leistungskennzahlen (KPIs) für das Management. Angenommen, das Unternehmen hat eine Vertriebs-, Marketing- und Produktionsabteilung, für die jeweils unterschiedliche KPIs relevant sind. Während die Vertriebsabteilung an Umsatzzahlen und Kundengewinnungsraten interessiert ist, benötigt die Marketingabteilung Informationen zu

Kampagneneffektivität und Reichweite. Die Produktionsabteilung hingegen ist auf Auslastungsraten und Produktionskennzahlen angewiesen. ChatGPT kann die Daten aus den verschiedenen Quellen extrahieren, analysieren und aufbereiten, um individuelle Berichte für jede Abteilung zu erstellen. Diese maßgeschneiderten Berichte ermöglichen es den Abteilungsleitern, fundierte Entscheidungen zu treffen und ihre jeweiligen Bereiche effektiver zu steuern.

Durch die Automatisierung von Reportings können Unternehmen zudem Kosten einsparen. Die Automatisierung führt zu einer Reduzierung des manuellen Aufwands und damit zu einer Verringerung der Kosten für die Erstellung von Berichten. Die Automatisierung kann auch dazu beitragen, Ressourcen für strategischere Aufgaben freizusetzen.

Datenquellen und Datenintegration

Um aussagekräftige Reportings zu erstellen, müssen zahlreiche Datenquellen genutzt und in ChatGPT integriert werden. Diese Datenquellen können sowohl intern als auch extern sein. Zu den internen Datenquellen zählen beispielsweise das ERP-System, das CRM-System oder die Finanzbuchhaltung. Zu den externen Datenquellen können etwa Marktanalysen, Branchenberichte oder Wirtschaftsdaten zählen.

Für die Datenintegration ist es wichtig, dass die Daten in einem für ChatGPT geeigneten Format vorliegen. Die Daten müssen in der Regel aufbereitet und harmonisiert werden, um eine reibungslose Integration in ChatGPT zu ermöglichen. Dies kann beispielsweise durch die Nutzung von APIs oder durch den Einsatz von ETL-Tools erfolgen.

Dashboards und Visualisierung

Mithilfe von ChatGPT können Unternehmen Dashboards erstellen, die eine schnelle und übersichtliche Visualisierung von Daten ermöglichen. Die Visualisierung kann dabei auf die individuellen Anforderungen der Nutzer zugeschnitten sein. Durch die Nutzung von Dashboards können Entscheider die wichtigsten Kennzahlen und Entwicklungen auf einen Blick erfassen und so fundierte Entscheidungen in verschiedenen Geschäftsbereichen treffen.

Beispielsweise kann ein Vertriebsleiter mithilfe eines auf seine Bedürfnisse zugeschnittenen Dashboards die Entwicklung von Umsatzzahlen, Absatzmengen und Kundengewinnungsraten schnell erkennen und darauf aufbauend Entscheidungen über die Anpassung von Verkaufsstrategien, die Einführung neuer Produkte oder die Ausrichtung von Verkaufsteams treffen. Ebenso kann ein Produktionsleiter anhand eines individuellen Dashboards die Auslastung der Produktionsanlagen, den Lagerbestand und die Lieferzeiten überwachen und so fundierte Entscheidungen über die Steuerung der Produktion, die Anpassung von Schichtplänen oder die Optimierung der Lieferketten treffen.

Analyse und Prognose

ChatGPT bietet auch Funktionen zur Analyse von Daten und zur Erstellung von Prognosen. Mithilfe von Algorithmen und statistischen Methoden können Muster und Trends in den Daten erkannt und Vorhersagen für zukünftige Entwicklungen getroffen werden. Die

Erkennung von Mustern und Trends ermöglicht es, Zusammenhänge zwischen verschiedenen Variablen zu identifizieren und auf Basis dieser Erkenntnisse fundierte Annahmen über künftige Entwicklungen zu treffen. So können Unternehmen frühzeitig auf Veränderungen im Markt reagieren und ihre Strategien entsprechend anpassen. Diese Prognosen können helfen, Planungen und Entscheidungen abzusichern und Risiken zu minimieren.

Chatbots und automatisierte Reportings
Eine Möglichkeit, wie Unternehmen die Automatisierung von Reportings umsetzen können, ist der Einsatz von Chatbots. Chatbots können automatisch Berichte und Dashboards bereitstellen und diese auf Nachfrage an Nutzer versenden. Auf diese Weise kann das Management jederzeit und von jedem Ort aus auf relevante Informationen zugreifen. Die Umwandlung der Informationen in verständliche Textaussagen ermöglicht dabei einen deutlich anderen Zugang zu komplexen Daten.

Rolle der menschlichen Komponente
Trotz der Automatisierung von Reportings bleibt die menschliche Komponente von Bedeutung. Auch wenn die Erstellung von Berichten und Dashboards automatisiert werden kann, müssen die Ergebnisse interpretiert und in einen unternehmerischen Kontext gebracht werden. Die menschliche Komponente ist somit weiterhin von Bedeutung, um die Ergebnisse der automatisierten Reportings zu bewerten und entsprechende Handlungsempfehlungen abzuleiten. Hier ermöglicht die zeitliche Entlastung von übernommenen Routineaufgaben künftig einen Fokus auf die kreative menschliche Problemlösungskompetenz zu legen.

5.3.2 Prognose und Planung mit ChatGPT

Wie bereits in den vorherigen Kapiteln dargestellt, bietet ChatGPT zahlreiche Vorteile für Finanzabteilungen von Unternehmen. Insbesondere im Bereich der Prognose und Planung kann diese Technologie von großem Nutzen sein. Traditionelle Methoden der Prognose und Planung unterliegen oft Herausforderungen: Sie sind zeitaufwendig, häufig nicht flexibel genug und können in der Präzision der Ergebnisse stark variieren. ChatGPT kann hier Abhilfe schaffen, indem es die Genauigkeit von Prognosen erhöht und die Effizienz der Planung steigert.

Im Folgenden werden einige Anwendungsmöglichkeiten von ChatGPT in der Prognose und Planung aufgezeigt

- Umsatz- und Absatzprognosen

ChatGPT kann dazu eingesetzt werden, um Umsatz- und Absatzprognosen zu verbessern. Durch die Analyse von Daten aus unterschiedlichen Quellen und die Anwendung von Machine-Learning-Methoden kann ChatGPT Trends und Muster erkennen, die für die Prognose relevant sind. Auf diese Weise lassen sich genauere Vorhersagen treffen, was wiederum die Planung erleichtert und effektivere Marketing- und Vertriebsstrategien ermöglicht.

- Kostenprognosen und Ressourcenallokation

  Auch bei der Prognose von Kosten und der Allokation von Ressourcen kann ChatGPT helfen. Diese Technologie ist in der Lage, Veränderungen in den Kostenstrukturen und im Ressourcenbedarf frühzeitig zu erkennen und entsprechende Prognosen anzupassen. Dadurch wird eine effizientere Planung möglich, was sich positiv auf die Rentabilität und Wettbewerbsfähigkeit eines Unternehmens auswirken kann.
- Cashflow-Prognose und Liquiditätsplanung

  Die Planung des Cashflows und der Liquidität ist für Unternehmen von entscheidender Bedeutung. ChatGPT kann auch hier unterstützen, indem es die finanziellen Bewegungen eines Unternehmens analysiert und auf dieser Grundlage Prognosen für die künftige Entwicklung erstellt. Diese können dann in die Liquiditätsplanung einfließen und die Entscheidungsfindung unterstützen, etwa bei Investitionsentscheidungen oder der Refinanzierung von Schulden.
- Integration in bestehende Planungs- und Prognosemodelle

  ChatGPT kann auch in bereits bestehende Planungs- und Prognosemodelle integriert werden. Durch die Nutzung von ChatGPT in diesen Modellen lassen sich die Effizienz und Genauigkeit der Prognosen weiter steigern, wodurch Unternehmen fundiertere Entscheidungen treffen und mögliche Szenarien besser durchspielen können.
- Identifikation von Risiken und Chancen in der Planung:

  ChatGPT kann helfen, Risiken und Chancen in der Planung frühzeitig zu identifizieren. Durch die Analyse großer Datenmengen und die Erkennung von Mustern können Risiken und Chancen früher erkannt und in die Planung einbezogen werden, was dazu beiträgt, die Resilienz und Anpassungsfähigkeit eines Unternehmens zu stärken.
- Szenarioanalyse und Simulation

  ChatGPT kann auch für Szenarioanalysen und Simulationen eingesetzt werden. So kann diese Technologie helfen, verschiedene Geschäftsentscheidungen zu simulieren und die möglichen Konsequenzen abzuschätzen. Diese Informationen können dann in die Planung einfließen.
- Anpassungsfähigkeit an sich ändernde Marktbedingungen und Unsicherheiten

ChatGPT ist flexibel und kann sich daher an sich ändernde Marktbedingungen und Unsicherheiten anpassen. Diese Anpassungsfähigkeit ermöglicht es Unternehmen, ihre Planung und Prognose stets auf dem neuesten Stand zu halten und so die Entscheidungsfindung zu unterstützen.

Insgesamt zeigt sich, dass ChatGPT für Unternehmen ein wertvolles Werkzeug für die Prognose und Planung sein kann. Es kann helfen, Prozesse effizienter zu gestalten, die Genauigkeit von Prognosen zu erhöhen und Risiken und Chancen frühzeitig zu identifizieren. Unternehmen, die ChatGPT in der Prognose und Planung einsetzen, können sich so einen entscheidenden Wettbewerbsvorteil verschaffen.

5.3.3 Identifikation von Abweichungen und Handlungsempfehlungen

Die Identifikation von Abweichungen ist ein zentrales Instrument im Controlling. Die Abweichungsanalyse zeigt auf, in welchen Bereichen ein Unternehmen seine Zielvorgaben nicht erreicht hat und ermöglicht damit die Entwicklung von Handlungsempfehlungen. Traditionell werden Abweichungen durch die Gegenüberstellung von Plan- und Ist-Werten identifiziert. Diese Vorgehensweise hat jedoch einige Limitationen:

- Es werden nur Abweichungen identifiziert, wenn bereits im Vorfeld eine Zielvorgabe definiert wurde.
- Die Ursachen und Treiber von Abweichungen können schwer zu ermitteln sein.
- Die Betrachtung von Plan- und Ist-Werten erlaubt nur eine punktuelle Betrachtung. Veränderungen im Zeitverlauf werden nicht berücksichtigt.

Die Nutzung von ChatGPT kann diese Limitationen überwinden und die Abweichungsanalyse im Controlling auf eine neue Stufe heben. Durch die Nutzung von ChatGPT ist eine automatisierte Erkennung von Abweichungen in Finanzdaten und Leistungsindikatoren möglich. ChatGPT kann Abweichungen nicht nur erkennen, sondern auch automatisch die Ursachen und Treiber identifizieren. Diese Informationen können dann genutzt werden, um Handlungsempfehlungen zur Korrektur der Abweichungen und zur Steigerung der Leistungsfähigkeit abzuleiten.

Ein wesentlicher Vorteil der Mustererkennung durch ChatGPT gegenüber menschlicher Mustererkennung liegt in der Fähigkeit, große Datenmengen und komplexe Zusammenhänge effizient zu analysieren. Während menschliche Analysten in der Regel nur eine begrenzte Anzahl von Datenpunkten gleichzeitig betrachten können und dabei möglicherweise den Fokus auf offensichtliche Auffälligkeiten legen, ist ChatGPT in der Lage, subtile Muster und Zusammenhänge in umfangreichen Datensätzen zu erkennen, die dem menschlichen Auge oft verborgen bleiben.

Des Weiteren kann ChatGPT Mustererkennung in Echtzeit durchführen, was es ermöglicht, Abweichungen und ihre Ursachen schneller zu identifizieren. Dies kann entscheidend sein, um rechtzeitig geeignete Maßnahmen zur Korrektur von Abweichungen einzuleiten und damit die Unternehmensleistung zu optimieren. Im Gegensatz dazu kann die manuelle Analyse durch menschliche Experten zeitintensiv sein und ist anfällig für Verzögerungen.

Ein weiterer Vorteil besteht in der Objektivität der Analyse. Menschliche Analysten können unbewusst von ihren persönlichen Erfahrungen, Vorurteilen oder Erwartungen beeinflusst sein, was zu einer verzerrten Wahrnehmung von Abweichungen und ihren Ursachen führen kann. Zwar spielt das Vermeiden von BIAS auch bei ChatGPT eine wesentliche Rolle. Bei passender Konfiguration des Systems sollte dieses hingegen weitgehend frei von solchen subjektiven Einflüssen sein und eine unvoreingenommene Analyse der vorliegenden Daten liefern.

Schließlich profitiert die Mustererkennung durch ChatGPT von der ständigen Weiterentwicklung der zugrunde liegenden Algorithmen und Methoden. Durch maschinelles Lernen und die fortlaufende Anpassung an neue Daten und Erkenntnisse wird die Fähigkeit von ChatGPT zur Erkennung von Mustern und Zusammenhängen stetig verbessert. Dies führt zu einer kontinuierlichen Steigerung der Genauigkeit und Effizienz der Abweichungsanalyse, während menschliche Experten möglicherweise Schwierigkeiten haben, Schritt zu halten und ihre Analysemethoden entsprechend anzupassen.

Die Integration von ChatGPT in bestehende Controlling- und BI-Systeme ermöglicht eine automatisierte Erkennung von Abweichungen. Durch die Anpassungsfähigkeit von ChatGPT an sich ändernde Geschäftsbedingungen kann die Abweichungsanalyse regelmäßig aktualisiert und angepasst werden. Die Nutzung von ChatGPT ermöglicht es Unternehmen, ihre Zielerreichung und die Effektivität von Maßnahmen regelmäßig zu überwachen. Die kontinuierliche Verbesserung von Geschäftsprozessen kann somit durch die Nutzung von ChatGPT unterstützt werden. Die Nutzung von ChatGPT erlaubt ihnen eine schnellere und präzisere Reaktion auf Veränderungen in der Unternehmensumwelt und eine effizientere Steuerung ihrer Geschäftsprozesse.

5.3.4 Analyse von Kunden- und Marktdaten

Die Analyse von Kunden- und Marktdaten stellt für Unternehmen ein wichtiges Instrument für strategische Entscheidungen dar. Sie ermöglicht es, Erkenntnisse über Kundenbedürfnisse, Marktchancen und Wettbewerber zu gewinnen. Durch die Nutzung von ChatGPT können Unternehmen diese Analysen automatisieren und somit effizienter und schneller durchführen.

Eine der Herausforderungen bei der Analyse von Kunden- und Marktdaten ist die Verarbeitung großer Mengen von Daten. Diese Daten müssen erst einmal gesammelt und strukturiert werden, bevor sie analysiert werden können. ChatGPT kann diese Aufgabe übernehmen, indem sie Daten aus verschiedenen Quellen identifiziert, zusammenführt, strukturiert und für weitere Analysen aufbereitet.

Die automatisierte Analyse und Interpretation von Kunden- und Marktdaten durch ChatGPT kann Unternehmen helfen, Kundensegmente und Marktchancen zu identifizieren. So kann ChatGPT beispielsweise Kundenverhalten analysieren, um herauszufinden, welche Produkte oder Dienstleistungen von bestimmten Kundensegmenten bevorzugt werden. Die Erkenntnisse aus dieser Analyse können Unternehmen nutzen, um gezielt Marketing- und Vertriebsstrategien auf diese Kundensegmente auszurichten.

Eine weitere Möglichkeit ist die Sentimentanalyse. Dabei wird untersucht, wie Kunden über ein bestimmtes Produkt oder eine bestimmte Dienstleistung denken und sprechen. ChatGPT kann die Stimmung in Kundenmeinungen und Kommentaren automatisch erkennen und auswerten. Diese Informationen können Unternehmen nutzen, um Trends und Entwicklungen im Markt frühzeitig zu erkennen.

Die Sentimentanalyse, auch Meinungsanalyse oder Emotionsanalyse genannt, ist ein Verfahren der Textanalyse, bei dem Stimmungen, Meinungen, Einstellungen oder Emotionen in geschriebenen Texten, wie Kundenbewertungen, Social-Media-Beiträgen oder anderen Informationsquellen, systematisch erfasst und ausgewertet werden. Ziel der Sentimentanalyse ist es, ein tieferes Verständnis der Wahrnehmung von Produkten, Dienstleistungen oder Marken durch Kunden oder Interessenten zu erhalten, um darauf aufbauend gezielte Entscheidungen und Maßnahmen zu treffen.

Durch die Analyse von Kunden- und Marktdaten mit ChatGPT können Unternehmen auch Verkaufspotenziale und Cross-Selling-Möglichkeiten erkennen. Sie können herausfinden, welche Produkte oder Dienstleistungen häufig zusammen gekauft werden und dadurch gezielte Produktbündel oder Angebote entwickeln.

Um die Möglichkeiten von ChatGPT in der Analyse von Kunden- und Marktdaten voll auszuschöpfen, ist es wichtig, ChatGPT in bestehende CRM- und BI-Systeme zu integrieren. So können Unternehmen die Analyseergebnisse von ChatGPT direkt in die Entscheidungsprozesse einbeziehen. Diese Integration ermöglicht es Unternehmen, ihre Kunden- und Marktanalyse noch effizienter und genauer zu gestalten.

Ein weiterer Vorteil von ChatGPT in der Analyse von Kunden- und Marktdaten ist die Anpassungsfähigkeit. Die Algorithmen von ChatGPT können sich an sich ändernde Kundenpräferenzen und Marktdynamiken anpassen und somit auch langfristig relevante Erkenntnisse liefern.

Literatur

Georgopoulos, A./Georg, S., Anforderungen an das Controlling, 2021, https://doi.org/10.1007/978-3-658-34938-7

Grund, T., et al., Unternehmensplanung im Zeitalter der Digitalisierung, 2020, https://doi.org/10.1007/978-3-658-29929-3

Hastenteufel, J., et al. (Hrsg.), Digitale Transformation im Controlling, 2022, https://doi.org/10.1007/978-3-658-38225-4

Kollmann, T., Digital Entrepreneurship, 2022, https://doi.org/10.1007/978-3-658-37260-6

Langmann, C./Turi, D., Robotic Process Automation (RPA), 2021, https://doi.org/10.1007/978-3-658-34680-5_6

Müller, F., Quick Guide Digital Controlling, 2021, https://doi.org/10.1007/978-3-658-35041-3

Rinker, C./Müller, P./Münker, F., Accounting Fraud, 2022, https://doi.org/10.1007/978-3-658-36324-6

6 Accounting

Um die Audioversion dieses Kapitels zu hören, klicken Sie auf den Link oder scannen Sie ihn mit der Springer Nature More Media App:
► sn.pub/e62391

6.1 Zusammenfassung

Das Accounting umfasst die Gesamtheit der Methoden und Prozesse zur Erfassung, Verarbeitung und Darstellung von finanziellen Informationen eines Unternehmens. Es kann in Financial Accounting und Management Accounting unterteilt werden. Die Einhaltung von Rechnungslegungsstandards, ethische Aspekte und Verantwortlichkeiten sowie interne Kontrollen und Risikomanagement sind essenziell im Accounting. Zukünftige Trends und Herausforderungen beinhalten die fortschreitende Digitalisierung und eine verstärkte globale Harmonisierung von Rechnungslegungsstandards.

ChatGPT kann im Accounting in verschiedensten Bereichen eingesetzt werden, um die Prozesse zu automatisieren und die Effizienz zu steigern, beispielsweise bei der Automatisierung von Buchhaltungsprozessen, in der Kreditoren- und Debitorenbuchhaltung, bei der Betrugsprävention oder zur Unterstützung von Entscheidungsfindungsprozessen im Management Accounting.

Durch den Einsatz von ChatGPT können Routineaufgaben wie die Erfassung von Belegen, die Buchung von Zahlungen oder die Erstellung von Rechnungen automatisiert und Fehler reduziert werden. In der Kreditoren- und Debitorenbuchhaltung kann ChatGPT für

© Der/die Autor(en), exklusiv lizenziert an Springer Fachmedien Wiesbaden GmbH, ein Teil von Springer Nature 2025

T. Hüsch et al., *Einsatzmöglichkeiten von GPT in Finance, Compliance und Audit*,
https://doi.org/10.1007/978-3-658-49460-5_6

die Rechnungsverarbeitung und -prüfung, die Berechnung von Zahlungsbedingungen und Skonti oder die Überwachung und Verwaltung von offenen Posten eingesetzt werden.

Im Bereich der Betrugsprävention kann ChatGPT für die automatische Erkennung von Anomalien, die Überprüfung verdächtiger Rechnungen und die Benachrichtigung und Dokumentation eingesetzt werden. Auch zur Verbesserung der KYC- und AML-Compliance sowie zur Integration in bestehende Risikomanagement- und Betrugsüberwachungssysteme ist ChatGPT geeignet.

Trotz der Potenziale von ChatGPT für das Accounting müssen Unternehmen jedoch auf bestimmte Herausforderungen achten, beispielsweise bei der Anpassung ihrer bestehenden Buchhaltungssysteme und -software oder hinsichtlich des Datenschutzes und der Vertraulichkeit ihrer Daten.

Insgesamt zeigt sich, dass der Einsatz von ChatGPT im Accounting zahlreiche Vorteile bieten kann, es jedoch wichtig ist, dabei auf Herausforderungen und Risiken zu achten und entsprechende Maßnahmen zu ergreifen, um die Chancen dieser Technologie bestmöglich zu nutzen.

6.2 Definition und Aufgaben des Accounting

Das Accounting umfasst die Gesamtheit der Methoden und Prozesse, die zur systematischen Erfassung, Verarbeitung und Darstellung von finanziellen Informationen eines Unternehmens dienen. Diese Informationen sind von wesentlicher Bedeutung für die Entscheidungsfindung von Managern, Investoren und anderen Stakeholdern.

Im Allgemeinen wird zwischen Financial Accounting (Finanzbuchhaltung) und Management Accounting (internes Rechnungswesen) unterschieden.

Das Financial Accounting ist auf die Erfassung von Geschäftstransaktionen und die Erstellung von Finanzberichten für externe Nutzer wie Investoren, Gläubiger und Aufsichtsbehörden ausgerichtet. Zu den Hauptaufgaben des Financial Accounting gehören die Aufzeichnung, Klassifizierung und Zusammenfassung von Geschäftstransaktionen. Diese Informationen fließen in die Erstellung von Bilanzen, Gewinn- und Verlustrechnungen und Cashflow-Analysen ein.

Das Management Accounting hingegen konzentriert sich auf die Erstellung von Informationen für das interne Management des Unternehmens. Ziel ist es, dem Management Daten zur Verfügung zu stellen, die es bei der Planung, Kontrolle und Entscheidungsfindung unterstützen. Zu den wichtigsten Aufgaben des Management Accounting gehören die Kostenrechnung und die Budgetierung. Die Kostenrechnung ermöglicht es dem Unternehmen, die Kosten von Produkten oder Dienstleistungen genau zu kalkulieren, während die Budgetierung das Unternehmen bei der effektiven Planung und Überwachung von Einnahmen und Ausgaben unterstützt.

Ein wichtiges Element des Accounting ist die Einhaltung von Rechnungslegungsstandards und -vorschriften. Die international weit verbreiteten Standards sind die International Financial Reporting Standards (IFRS), während in den USA die US Generally Accepted Accounting Principles (US-GAAP) gelten.

Darüber hinaus spielen ethische Aspekte und Verantwortlichkeiten eine wichtige Rolle im Accounting. Die Aufgabe der Buchhaltung ist es, ein möglichst objektives und genaues Bild der finanziellen Situation des Unternehmens zu zeichnen. Fehlverhalten oder Unregelmäßigkeiten können schwerwiegende Konsequenzen haben.

Zu guter Letzt ist die Bedeutung von internen Kontrollen und Risikomanagement im Accounting zu erwähnen. Ein gut funktionierendes internes Kontrollsystem kann dazu beitragen, Fehler, Betrug und Verluste zu verhindern. Das Risikomanagement hingegen hilft, mögliche Risiken zu identifizieren und zu bewältigen, bevor sie sich negativ auf das Unternehmen auswirken.

Zukünftige Trends und Herausforderungen im Accounting beinhalten die fortschreitende Digitalisierung, neue Anforderungen an die Nachhaltigkeitsberichterstattung und eine verstärkte globale Harmonisierung von Rechnungslegungsstandards.

6.3 Einsatz von ChatGPT im Accounting

Die Automatisierung von Routineaufgaben im Accounting ist ein bedeutendes Thema, da dies die Effizienz des gesamten Bereichs erheblich steigern kann. ChatGPT bietet sich hierfür als vielversprechende Technologie an, da es eine Reihe von Vorteilen in sich vereint: Es ermöglicht die Automatisierung von Prozessen, die Verbesserung der Datenanalyse und Berichterstattung, die Beschleunigung der Rechnungsverarbeitung und -prüfung und kann sogar zur Unterstützung von Entscheidungsfindungsprozessen im Management Accounting eingesetzt werden.

Die Potenziale von ChatGPT für das Accounting lassen sich in mehrere Bereiche unterteilen

Automatisierung von Buchhaltungsprozessen: ChatGPT kann zur Automatisierung von Routineaufgaben wie der Erfassung von Belegen, der Buchung von Zahlungen oder der Erstellung von Rechnungen eingesetzt werden. Durch die Automatisierung dieser Tätigkeiten werden die Mitarbeiter im Accounting entlastet und können sich auf komplexere Aufgaben konzentrieren. Zudem werden Fehler reduziert, da die Automatisierung durch ChatGPT ein hohes Maß an Genauigkeit gewährleistet.

ChatGPT in der Kreditoren- und Debitorenbuchhaltung: ChatGPT kann auch in der Kreditoren- und Debitorenbuchhaltung eingesetzt werden, um die Rechnungsverarbeitung und -prüfung zu beschleunigen. Durch die Automatisierung der Rechnungsprüfung und -verarbeitung können Unternehmen ihre Zahlungsziele besser einhalten und so Liquidität und Bonität sichern.

Betrugsprävention mit ChatGPT: Durch die Nutzung von ChatGPT zur Erkennung von Mustern und Auffälligkeiten können Unternehmen Betrug vorbeugen. So kann ChatGPT beispielsweise die Rechnungsprüfung effizienter gestalten, indem es Abweichungen von der Norm erkennt und diese an die zuständigen Mitarbeiter weiterleitet.

Verbesserung der Datenanalyse und Berichterstattung: ChatGPT kann auch zur Verbesserung der Datenanalyse und Berichterstattung eingesetzt werden. Durch die Nutzung der Technologie kann ein Unternehmen beispielsweise einen besseren Überblick über seine Finanzlage erhalten, indem es die Daten aus der Buchhaltung effizienter auswerten und visualisieren kann. Diese Informationen können dann wiederum als Grundlage für Entscheidungsfindungsprozesse im Management Accounting dienen.

Unterstützung von Entscheidungsfindungsprozessen im Management Accounting: ChatGPT kann auch bei der Unterstützung von Entscheidungsfindungsprozessen im Management Accounting eingesetzt werden. Durch die automatisierte Datenanalyse und die Bereitstellung von Entscheidungshilfen kann ChatGPT die Entscheidungsträger im Unternehmen dabei unterstützen, fundierte Entscheidungen zu treffen.

Zusammenarbeit und Kommunikation innerhalb des Accounting-Teams: Die Nutzung von ChatGPT kann auch die Zusammenarbeit und Kommunikation innerhalb des Accounting-Teams verbessern. Durch die Automatisierung von Routineaufgaben können sich die Mitarbeiter stärker auf die Zusammenarbeit und den Austausch von Wissen und Erfahrung konzentrieren.

Schulung und Weiterbildung von Accounting-Mitarbeitern: ChatGPT kann auch zur Schulung und Weiterbildung von Accounting-Mitarbeitern eingesetzt werden. Durch die Nutzung der Technologie können Unternehmen ihren Mitarbeitern ein breites Spektrum an Schulungsmaterialien und -inhalten anbieten, die interaktiv und auf die individuellen Bedürfnisse zugeschnitten sind.

Implementierung von ChatGPT im Rahmen von internen Kontrollen und Compliance: ChatGPT kann auch zur Unterstützung von internen Kontrollen und Compliance eingesetzt werden. Die Technologie kann beispielsweise helfen, die Einhaltung von Richtlinien und Vorschriften zu überwachen, indem sie automatisch Abweichungen erkennt und diese an die zuständigen Mitarbeiter meldet.

Optimierung von Budgetierungs- und Prognoseprozessen: Schließlich kann ChatGPT auch zur Optimierung von Budgetierungs- und Prognoseprozessen eingesetzt werden. Durch die Nutzung der Technologie können Unternehmen ihre Planung effizienter gestalten und Fehler reduzieren.

Bei all diesen Potenzialen von ChatGPT für das Accounting gilt es jedoch auch, einige Herausforderungen im Blick zu behalten. So müssen Unternehmen beispielsweise ihre bestehenden Buchhaltungssysteme und -software entsprechend anpassen, um die Integration von ChatGPT zu ermöglichen. Zudem ist der Datenschutz ein wichtiges Thema, das berücksichtigt werden muss. Unternehmen müssen sicherstellen, dass die Nutzung von ChatGPT die Vertraulichkeit und Integrität ihrer Daten nicht gefährdet.

6.3.1 Automatisierung von Buchhaltungsprozessen

Die Automatisierung von Routineaufgaben in der Buchhaltung ist ein wichtiges Anwendungsgebiet von ChatGPT. Sie bietet eine Reihe von Vorteilen, wie z. B. eine erhöhte Produktivität, einen reduzierten manuellen Aufwand und eine verbesserte Datenqualität. Viele Unternehmen nutzen ChatGPT bereits, um Routineaufgaben wie die Erfassung von Rechnungen, die Erstellung von Journalbuchungen oder die Abstimmung von Konten automatisch durchzuführen.

Bei der Identifizierung von Routineaufgaben in der Buchhaltung, die für die Automatisierung geeignet sind, sollten Unternehmen auf Prozesse mit einem hohen Volumen und einer hohen Standardisierung achten. Diese Prozesse bieten sich besonders für eine Automatisierung an, da sie sich in der Regel leicht in einzelne Schritte zerlegen lassen und die Automatisierung einen hohen Effizienzgewinn bewirken kann.

Eine Möglichkeit, ChatGPT in der Buchhaltung einzusetzen, ist die Erkennung und Kategorisierung von Finanztransaktionen. ChatGPT kann dabei helfen, Finanztransaktionen automatisch in die entsprechenden Konten einzusortieren und somit den manuellen Aufwand für die Buchhaltung deutlich zu reduzieren. Darüber hinaus kann ChatGPT auch für die automatische Erstellung von Journalbuchungen genutzt werden. Durch die Automatisierung dieses Prozesses wird die Fehleranfälligkeit reduziert und die Datenqualität verbessert.

Um die Automatisierung von Buchhaltungsprozessen durch ChatGPT noch weiter voranzutreiben, können Unternehmen ChatGPT in ihre bestehenden Buchhaltungssysteme integrieren. Dies ermöglicht eine nahtlose Automatisierung von Routineaufgaben wie der Rechnungsverarbeitung, der Abstimmung von Konten oder der Erstellung von Steuerdokumenten und -erklärungen.

Ein weiteres Anwendungsgebiet von ChatGPT in der Buchhaltung ist die Verbesserung der Effizienz in der Lohn- und Gehaltsabrechnung. ChatGPT kann dabei helfen, die Bearbeitung von Gehaltsabrechnungen, Sozialversicherungsbeiträgen oder Steuererklärungen zu automatisieren. Dies reduziert nicht nur die Fehleranfälligkeit, sondern auch die Bearbeitungszeit und den manuellen Aufwand.

Einsatz von ChatGPT zur Verbesserung der Effizienz in der Lohn- und Gehaltsabrechnung

Ein konkretes Beispiel für den Einsatz von ChatGPT zur Verbesserung der Effizienz in der Lohn- und Gehaltsabrechnung wäre ein mittelständisches Unternehmen mit etwa 200 Mitarbeitern, das seine monatliche Gehaltsabrechnung optimieren möchte.

Um den Prozess der Lohn- und Gehaltsabrechnung zu automatisieren und zu verbessern, könnte ChatGPT folgendermaßen eingesetzt werden:

1. Integration von Datenquellen: Zunächst werden die relevanten Datenquellen, wie Mitarbeiterdaten, Arbeitszeiten, Gehaltsstrukturen und steuerliche Informationen, mit ChatGPT verknüpft, sodass die KI auf die benötigten Informationen zugreifen kann.
2. Automatisierung von Berechnungen: ChatGPT verwendet seine Algorithmen, um automatisch die Gehaltsabrechnungen für jeden Mitarbeiter zu berechnen, indem es die individuellen Arbeitszeiten, Überstunden, Zuschläge und sonstige Vergütungsbestandteile berücksichtigt.
3. Sozialversicherungsbeiträge und Steuern: ChatGPT berechnet auch die erforderlichen Sozialversicherungsbeiträge und Steuern für jeden Mitarbeiter basierend auf den geltenden gesetzlichen Bestimmungen und den individuellen Steuerklassen.
4. Anpassungen und Abzüge: Falls notwendig, kann ChatGPT auch Anpassungen und Abzüge für besondere Umstände, wie z. B. Gehaltspfändungen, Vorschüsse oder betriebliche Altersvorsorge, automatisch einbeziehen.
5. Erstellung von Gehaltsabrechnungen: Nachdem alle Berechnungen durchgeführt wurden, erstellt ChatGPT automatisch individuelle Gehaltsabrechnungen für jeden Mitarbeiter und stellt sie dem Personal- oder Buchhaltungsteam zur Verfügung, um sie zu überprüfen und freizugeben.
6. Übermittlung und Archivierung: Nach der Freigabe der Gehaltsabrechnungen durch das zuständige Team können diese automatisch an die Mitarbeiter übermittelt werden. ChatGPT archiviert außerdem alle Gehaltsabrechnungen und berechneten Daten gemäß den gesetzlichen Anforderungen.

Durch den Einsatz von ChatGPT in der Lohn- und Gehaltsabrechnung kann das mittelständische Unternehmen den manuellen Aufwand und die Bearbeitungszeit reduzieren sowie die Fehleranfälligkeit verringern. Dies führt zu einer effizienteren und zuverlässigeren Gehaltsabrechnung, die den Mitarbeitern und dem Unternehmen zugutekommt.

Schließlich kann ChatGPT auch für die Automatisierung der periodischen Abschlüsse und Berichterstattung eingesetzt werden. Durch die Automatisierung dieser Prozesse wird nicht nur die Arbeit der Buchhaltung erleichtert, sondern auch die Genauigkeit der Berichterstattung erhöht.

Beispiel Einsatz ChatGPT Automatisierung periodische Abschlüsse und Berichterstattung
Ein konkretes Beispiel für den Einsatz von ChatGPT zur Automatisierung der periodischen Abschlüsse und Berichterstattung wäre ein Produktionsunternehmen, das vierteljährliche Abschlüsse und Berichte für interne und externe Stakeholder erstellen muss.

Um den Prozess der periodischen Abschlüsse und Berichterstattung zu automatisieren und zu verbessern, könnte ChatGPT folgendermaßen eingesetzt werden:

1. Konsolidierung von Finanzdaten: ChatGPT greift auf die verschiedenen Finanzdaten des Unternehmens zu, wie z. B. die Einnahmen, Ausgaben, Debitoren, Kreditoren und Inventarwerte, und konsolidiert diese Informationen für den jeweiligen Berichtszeitraum.
2. Berechnung von Abschlüssen: Basierend auf den konsolidierten Finanzdaten berechnet ChatGPT die periodischen Abschlüsse, indem es die verschiedenen Bilanzpositionen und GuV-Posten automatisch aktualisiert.
3. Anpassungen und Abstimmungen: ChatGPT führt die erforderlichen Anpassungen und Abstimmungen für die periodischen Abschlüsse durch, wie z. B. die Berechnung von Abschreibungen, die Bewertung von Rückstellungen oder die Abstimmung von Intercompany-Konten.
4. Erstellung von Berichten: Nachdem die Abschlüsse berechnet wurden, erstellt ChatGPT automatisch Berichte für interne und externe Stakeholder, wie z. B. den vierteljährlichen Abschluss, die Gewinn- und Verlustrechnung, die Bilanz und die Kapitalflussrechnung.
5. Analyse und Kommentierung: ChatGPT kann auch eine Analyse der periodischen Abschlüsse durchführen und dabei mögliche Auffälligkeiten oder Trends aufzeigen. Zudem kann es kommentierte Zusammenfassungen erstellen, die den Entscheidungsträgern helfen, die finanzielle Entwicklung des Unternehmens besser zu verstehen.
6. Übermittlung und Archivierung: Nach der Fertigstellung der Berichte und deren Überprüfung durch das zuständige Team können diese automatisch an die relevanten Stakeholder übermittelt werden. ChatGPT archiviert auch alle erstellten Berichte und Abschlüsse gemäß den gesetzlichen Anforderungen.

Durch den Einsatz von ChatGPT bei der Automatisierung der periodischen Abschlüsse und Berichterstattung kann das Produktionsunternehmen den manuellen Aufwand und die Bearbeitungszeit reduzieren sowie die Genauigkeit der Berichterstattung erhöhen. Dies führt zu einer effizienteren und zuverlässigeren Finanzberichterstattung, die dem Unternehmen und seinen Stakeholdern zugutekommt.

Insgesamt zeigt sich, dass die Automatisierung von Buchhaltungsprozessen durch ChatGPT zahlreiche Vorteile bieten kann. Neben der Reduzierung des manuellen Aufwands und der Verbesserung der Datenqualität, können Unternehmen durch die Automatisierung mit ChatGPT auch signifikante Kosteneinsparungen und Effizienzsteigerungen erzielen.

6.3.2 ChatGPT in der Kreditoren- und Debitorenbuchhaltung

Die Kreditoren- und Debitorenbuchhaltung stellt für viele Unternehmen einen wesentlichen Bestandteil der gesamten Buchhaltung dar. Die Kreditorenbuchhaltung umfasst die Verwaltung der Verbindlichkeiten eines Unternehmens gegenüber seinen Lieferanten, während die Debitorenbuchhaltung die Forderungen gegenüber Kunden verwaltet. Beide Bereiche sind für einen reibungslosen Geschäftsbetrieb von großer Bedeutung.

Durch den Einsatz von ChatGPT können zahlreiche Prozesse in der Kreditoren- und Debitorenbuchhaltung automatisiert und dadurch effizienter gestaltet werden. So kann ChatGPT beispielsweise für die Identifizierung und Zuordnung von Rechnungen und Zahlungen bei Kreditoren eingesetzt werden. Mithilfe von Natural Language Processing (NLP) kann ChatGPT in der Lage sein, Rechnungen und Zahlungen automatisch zu erkennen und entsprechend zuzuordnen.

Die Automatisierung kann auch bei der Rechnungsprüfung und Genehmigung zum Einsatz kommen. ChatGPT kann die Rechnungen auf Vollständigkeit und Richtigkeit überprüfen und gegebenenfalls automatisch genehmigen. Durch diese Automatisierung wird der Zeitaufwand für die manuelle Prüfung und Genehmigung reduziert, was wiederum Kosten einspart.

In der Kreditorenbuchhaltung kann ChatGPT zudem für die Berechnung von Zahlungsbedingungen und Skonti eingesetzt werden. Durch die automatische Berechnung werden Fehler reduziert und die Prozesseffizienz gesteigert.

ChatGPT kann auch für die Überwachung und Verwaltung von offenen Posten in der Debitorenbuchhaltung genutzt werden. Durch eine automatisierte Überwachung können frühzeitig potenzielle Probleme erkannt und entsprechende Maßnahmen ergriffen werden.

Zudem kann ChatGPT für die Verbesserung der Forderungsverfolgung und des Mahnwesens eingesetzt werden. So kann ChatGPT beispielsweise automatisch Mahnungen an Kunden versenden, die ihre Rechnungen nicht fristgerecht bezahlen.

Des Weiteren kann ChatGPT für die automatische Erkennung von Zahlungseingängen und den Abgleich mit offenen Posten eingesetzt werden. Hierdurch werden Fehler reduziert und die Effizienz der Buchhaltung erhöht.

Schließlich kann ChatGPT für die Optimierung von Zahlungsprozessen eingesetzt werden. So kann ChatGPT beispielsweise automatisch Zahlungsvorschläge erstellen oder die optimale Zahlungsweise für eine bestimmte Rechnung ermitteln.

Der Einsatz von ChatGPT kann also in vielerlei Hinsicht für eine Verbesserung der Kreditoren- und Debitorenbuchhaltung sorgen. Die Integration von ChatGPT in bestehende ERP- und Buchhaltungssysteme ermöglicht dabei ein hohes Maß an Automatisierung und Effizienz. Zudem kann durch die Nutzung von ChatGPT die Compliance und Kontrolle in der Kreditoren- und Debitorenbuchhaltung verbessert werden.

6.3.3 Betrugsprävention mit ChatGPT

Die Betrugsprävention ist ein wichtiges Thema für alle Unternehmen. Dabei gilt es, mögliche Betrugsindikatoren in der Buchhaltung rechtzeitig zu erkennen, um Schaden vom Unternehmen abzuwenden. ChatGPT kann in diesem Bereich einen wichtigen Beitrag leisten.

Durch den Einsatz von ChatGPT kann eine automatisierte Überwachung von Transaktionen und die Erkennung von Anomalien erfolgen. So können z. B. ungewöhnliche Verhaltensmuster oder Transaktionen, die von der Norm abweichen, frühzeitig erkannt werden. ChatGPT kann auch für die Unterstützung interner Kontrollen und Sicherheitsmaßnahmen eingesetzt werden. Beispielsweise kann ChatGPT dabei helfen, Verhaltensmuster von Nutzern von Buchhaltungssystemen zu analysieren, um verdächtige Aktivitäten aufzudecken.

Beispiel Einsatz ChatGPT Betrugsprävention durch Analyse von Rechnungen

Ein konkretes Beispiel für den Einsatz von ChatGPT zur Betrugsprävention in der Buchhaltung ist die Identifizierung von betrügerischen Rechnungen in einem großen Handelsunternehmen.

Angenommen, das Unternehmen erhält täglich hunderte von Rechnungen von verschiedenen Lieferanten. Um sicherzustellen, dass alle Rechnungen legitim sind und nicht auf betrügerische Aktivitäten wie doppelte Abrechnungen, Scheinlieferanten oder gefälschte Rechnungen zurückzuführen sind, kann ChatGPT wie folgt eingesetzt werden:

1. Analyse von Rechnungsdaten: ChatGPT analysiert die Rechnungen, indem es relevante Informationen wie Lieferantendaten, Rechnungsbeträge, Rechnungsnummern und Rechnungsdaten extrahiert und diese mit den Stammdaten des Unternehmens abgleicht.
2. Erkennung von Anomalien: ChatGPT wendet maschinelles Lernen und statistische Verfahren an, um ungewöhnliche Muster oder Abweichungen in den Rechnungsdaten zu erkennen. Beispiele für solche Anomalien könnten extrem hohe oder niedrige Rechnungsbeträge, ungewöhnliche Lieferantendaten oder wiederkehrende Rechnungsnummern sein.
3. Überprüfung verdächtiger Rechnungen: Wenn ChatGPT eine potenziell betrügerische Rechnung identifiziert, kann es die Buchhaltung darauf aufmerksam machen, um eine detaillierte Überprüfung der betreffenden Rechnung und der zugehörigen Transaktionen durchzuführen.
4. Benachrichtigung und Dokumentation: ChatGPT kann automatisierte Benachrichtigungen an die zuständigen Mitarbeiter senden, um sie über verdächtige Rechnungen zu informieren. Darüber hinaus kann ChatGPT eine Dokumentation der identifizierten Anomalien und der daraus resultierenden Untersuchungen erstellen, um den Prozess der Betrugsprävention nachvollziehbar und transparent zu gestalten.

Durch den Einsatz von ChatGPT zur Betrugsprävention in der Buchhaltung kann das Handelsunternehmen betrügerische Rechnungen und Aktivitäten frühzeitig erkennen und Gegenmaßnahmen ergreifen, um finanzielle Verluste und Reputationsschäden zu vermeiden.

ChatGPT kann auch im Zusammenhang mit KYC- (Know Your Customer) und AML- (Anti-Money Laundering) Compliance eingesetzt werden. Hierbei kann ChatGPT dabei helfen, mögliche Risikofaktoren bei Kunden oder Geschäftspartnern zu identifizieren und zu bewerten.

Beispiel Einsatz von ChatGPT zur Unterstützung von Risikobewertung

Ein konkretes Beispiel für den Einsatz von ChatGPT im Bereich KYC- und AML-Compliance ist die Unterstützung bei der Risikobewertung von Lieferanten in einem internationalen Handelsunternehmen.

Angenommen, ein Handelsunternehmen möchte die KYC- und AML-Compliance-Verfahren für seine Lieferanten verbessern, um sicherzustellen, dass es regulatorischen Anforderungen gerecht wird und potenzielle Risiken minimiert. Hierbei kann ChatGPT wie folgt eingesetzt werden:

1. Analyse von Lieferantendokumenten: ChatGPT analysiert die eingereichten Unternehmensunterlagen, Handelslizenzen und andere relevante Dokumente der Lieferanten, um sicherzustellen, dass alle erforderlichen Informationen korrekt und vollständig sind.
2. Überprüfung von Sanktionslisten und PEP-Datenbanken: ChatGPT gleicht die Lieferantendaten automatisch mit globalen Sanktionslisten und politisch exponierten Personen (PEP) Datenbanken ab, um mögliche Risikofaktoren oder Compliance-Probleme zu identifizieren.
3. Risikobewertung: Basierend auf den gesammelten Informationen bewertet ChatGPT das Risikoprofil des Lieferanten hinsichtlich Geldwäsche, Terrorismusfinanzierung oder anderen Compliance-Risiken. Dadurch kann das Handelsunternehmen fundierte Entscheidungen treffen und proaktiv Maßnahmen ergreifen, um die Geschäftsbeziehungen entsprechend der identifizierten Risiken zu steuern.

Ein weiteres Anwendungsfeld von ChatGPT liegt in der Verbesserung der Kommunikation und Zusammenarbeit zwischen verschiedenen Abteilungen bei der Betrugsprävention. Durch die Verwendung von ChatGPT können Informationen und Erkenntnisse effizienter ausgetauscht und gebündelt werden. Zudem kann ChatGPT zur Integration in bestehende Risikomanagement- und Betrugsüberwachungssysteme genutzt werden.

ChatGPT kann auch zur Unterstützung von Audits und der Betrugserkennung in internen und externen Prüfungen eingesetzt werden. Dabei kann ChatGPT helfen, relevante Daten aus verschiedenen Quellen zusammenzuführen, um einen umfassenden Überblick über mögliche Risikofaktoren und Betrugsindikatoren zu erhalten.

Schließlich kann ChatGPT auch für die Schulung und Sensibilisierung von Mitarbeitern im Bereich Betrugsprävention eingesetzt werden. Indem ChatGPT die Mitarbeiter über die Risiken informiert und konkrete Handlungsempfehlungen gibt, kann die Betrugsprävention im Unternehmen gestärkt werden.

Durch seine Fähigkeit zur Anpassungsfähigkeit und zum kontinuierlichen Lernen ist ChatGPT ein effektives Instrument zur Bekämpfung neuer Betrugsmethoden und -techniken.

Literatur

Georgopoulos, A./Georg, S., Anforderungen an das Controlling, 2021, https://doi.org/10.1007/978-3-658-34938-7

Grund, T., et al., Unternehmensplanung im Zeitalter der Digitalisierung, 2020, https://doi.org/10.1007/978-3-658-29929-3

Langmann, C./Turi, D., Robotic Process Automation (RPA), 2021, https://doi.org/10.1007/978-3-658-34680-5_6

Rinker, C./Müller, P./Münker, F., Accounting Fraud, 2022, https://doi.org/10.1007/978-3-658-36324-6

Schneider, T., Digitalisierung und Künstliche Intelligenz, 2022, https://doi.org/10.1007/978-3-658-33860-2

Investor Relationship 7

Um die Audioversion dieses Kapitels zu hören, klicken Sie auf den Link oder scannen Sie ihn mit der Springer Nature More Media App:
► sn.pub/43r4pw

7.1 Zusammenfassung

In diesem Kapitel wird die Bedeutung von Investor Relations (IR) erläutert, welche Aktivitäten wie Kommunikation und Informationsbereitstellung für Investoren und Finanzgemeinschaft umfassen. Hauptziele sind Vertrauensbildung, angemessene Unternehmensbewertung und offener Dialog mit Investoren. Institutionelle Investoren, Analysten und Kleinanleger sind Hauptstakeholder. Für effektive IR-Aktivitäten sind Transparenz, regelmäßige Kommunikation und Best-Practice-Ansätze wichtig. Digitale Technologien und soziale Medien haben IR-Praktiken verändert, indem sie die Verbreitung von Informationen, das Erreichen einer breiteren Zielgruppe und die Interaktion über Online-Plattformen ermöglichen.

ChatGPT kann in verschiedenen Bereichen der Investor Relations eingesetzt werden, wie automatisierte Beantwortung von Anfragen, maßgeschneiderte Nachrichten für Investoren, Analyse von Stimmungen in sozialen Medien und Finanzforen, Identifizierung potenzieller Investoren und gezielte Ansprache, Unterstützung bei der Erstellung von Präsentationen und Informationsmaterialien für Investorenveranstaltungen, Optimierung von IR-Websites und Bereitstellung personalisierter Inhalte, Verbesserung des internen

© Der/die Autor(en), exklusiv lizenziert an Springer Fachmedien Wiesbaden GmbH, ein Teil von Springer Nature 2025

T. Hüsch et al., *Einsatzmöglichkeiten von GPT in Finance, Compliance und Audit*,
https://doi.org/10.1007/978-3-658-49460-5_7

Berichtswesens und Kommunikation mit dem Management-Team und Erkennung von Risiken und Chancen in Bezug auf Investor Relations.

ChatGPT kann für automatisierte Erstellung von Berichten wie Finanzberichte, Quartals- und Jahresberichte, Management-Reports, Earnings-Release-Dokumente, Analystenpräsentationen und maßgeschneiderte Berichte eingesetzt werden. Darüber hinaus kann es für die Ad-hoc-Berichterstattung, Analyse und Aufbereitung von Finanzkennzahlen, automatische Übersetzung von Berichten sowie für die Generierung von Executive Summaries und Kommentaren verwendet werden.

Bei der Organisation von Hauptversammlungen kann ChatGPT für automatisierte Erstellung von Einladungen und Tagesordnungspunkten, Vorbereitung von Präsentationen und Reden, Analyse von Aktionärsanfragen und Vorbereitung von Antworten, Organisation von virtuellen Hauptversammlungen, Unterstützung bei der Vorbereitung von Diskussionsbeiträgen, automatisierte Protokollierung und Dokumentation, Analyse von Stimmrechtsvertretern und Aktionärsstrukturen und Erfüllung regulatorischer Vorgaben eingesetzt werden.

Bei der Verwendung von ChatGPT in der Investor Relations-Praxis müssen ethische und datenschutzrechtliche Aspekte berücksichtigt werden, wie die Vertraulichkeit von Daten, klare Kommunikation über die Nutzung von ChatGPT und Einhaltung geltender Datenschutzrichtlinien.

7.2 Definition und Bedeutung von Investor Relationship

Investor Relations (IR) umfasst alle Aktivitäten eines Unternehmens, die sich auf die Beziehung zu seinen Investoren beziehen. Ziel ist es, durch eine transparente und regelmäßige Kommunikation mit der Finanzgemeinschaft Vertrauen und Glaubwürdigkeit aufzubauen.

Die Hauptziele von Investor Relations sind

- die Schaffung von Vertrauen und Glaubwürdigkeit für das Unternehmen bei Investoren und der Finanzgemeinschaft
- die Sicherstellung einer angemessenen Bewertung des Unternehmens an den Finanzmärkten
- die Bereitstellung von Informationen über das Unternehmen, seine Strategie und seine Leistung, um Investitionsentscheidungen zu ermöglichen
- die Pflege eines Dialogs mit Investoren, um Feedback und Anregungen zu erhalten

Zu den Stakeholdern, die von Investor Relations betroffen sind, gehören:

- institutionelle Investoren
- Analysten
- Kleinanleger

Die Verantwortlichkeiten eines IR-Teams innerhalb eines Unternehmens können sein

- die Erstellung von Finanzberichten und Präsentationen
- die Beantwortung von Anfragen von Investoren und Analysten
- die Organisation von Veranstaltungen wie Analystenkonferenzen und Hauptversammlungen
- die Überwachung der Einhaltung von Compliance- und regulatorischen Anforderungen

Um effektiv zu sein, sollten Investor Relations Aktivitäten:

- transparent und regelmäßig sein
- die Bedürfnisse der verschiedenen Stakeholder berücksichtigen
- auf eine offene und ehrliche Kommunikation ausgerichtet sein
- sich an Best Practices und Richtlinien orientieren

Die Entwicklung von digitalen Technologien und sozialen Medien hat die moderne Investor Relations-Praxis in vielerlei Hinsicht beeinflusst. Unternehmen können nun Informationen über ihre Websites und soziale Medienkanäle verbreiten. Zudem können sie mit Investoren und Analysten über Online-Plattformen wie Webcasts und Konferenzgespräche in Kontakt treten. Diese Entwicklungen ermöglichen es Unternehmen, eine breitere Zielgruppe zu erreichen und ihre Botschaften effektiver zu verbreiten.

7.3 ChatGPT in der Pflege von Investor Relations

Um eine effiziente und zeitnahe Kommunikation mit Investoren und Analysten zu ermöglichen, kann ChatGPT in der Pflege von Investor Relations eingesetzt werden. Die automatisierte Beantwortung von Anfragen sowie die Bereitstellung von maßgeschneiderten Nachrichten für Investoren können die Effizienz im Investor Relations-Prozess steigern.

Automatisierung von Routineaufgaben in der Investor Relations-Praxis
Eine der größten Herausforderungen im Bereich Investor Relations ist die Bearbeitung einer Vielzahl von Anfragen von Investoren und Analysten. Diese Anfragen kommen oft in unterschiedlichen Formaten und betreffen verschiedene Themen. Um diese Anfragen schnell und effizient bearbeiten zu können, kann ChatGPT als automatisierter Assistent eingesetzt werden. Durch die automatische Beantwortung von Anfragen und die Bereitstellung von relevanten Informationen können die Mitarbeiter sich auf strategische Aufgaben konzentrieren.

Um ChatGPT als automatischen Assistenten einzusetzen, sind folgende Schritte notwendig

1. **API-Zugang:** Erhalten Sie Zugang zur ChatGPT-API von OpenAI, um die Integration in Ihre Systeme zu ermöglichen.
2. **Systemintegration:** Integrieren Sie die ChatGPT-API in Ihre bestehenden Kommunikationssysteme wie E-Mail, Messaging-Plattformen oder Chatbots auf Ihrer Website.
3. **Anfrageverarbeitung:** Programmieren Sie ChatGPT, um eingehende Anfragen von Investoren und Analysten zu analysieren und zu verarbeiten. Dazu sollten Sie relevante Informationen aus Ihrer Datenbank oder anderen Informationsquellen extrahieren und sicherstellen, dass die Antworten auf die Anfragen präzise und hilfreich sind.
4. **Antwortgenerierung**: Trainieren Sie ChatGPT, um passende Antworten auf die Anfragen zu erstellen. Achten Sie darauf, dass der Ton und Stil der Antworten professionell und konsistent ist und den Anforderungen Ihrer Zielgruppe entspricht.
5. **Qualitätskontrolle:** Implementieren Sie eine Qualitätskontrollschicht, um die von ChatGPT generierten Antworten zu überprüfen und gegebenenfalls zu korrigieren. Dies kann durch menschliche Überprüfung oder automatisierte Algorithmen erfolgen.
6. **Automatische Antwortübermittlung:** Stellen Sie sicher, dass die generierten Antworten automatisch an die Investoren und Analysten gesendet werden. Dies kann über E-Mail, Messaging-Plattformen oder Chatbot-Funktionalitäten erfolgen.
7. **Fortlaufendes Training:** Aktualisieren und trainieren Sie ChatGPT regelmäßig, um sicherzustellen, dass es auf dem neuesten Stand bleibt und sich kontinuierlich verbessert. Berücksichtigen Sie dabei auch Feedback von Benutzern, um die Leistung des Assistenten weiter zu optimieren.

8. **Datenschutz und Compliance:** Stellen Sie sicher, dass Ihre Implementierung von ChatGPT den geltenden Datenschutz- und Compliance-Richtlinien entspricht.
9. **Monitoring und Reporting:** Überwachen Sie die Leistung von ChatGPT als automatischen Assistenten, um Probleme frühzeitig zu erkennen und Verbesserungen vorzunehmen. Erstellen Sie regelmäßige Berichte über die Effizienz und Wirksamkeit des Assistenten.
10. **Skalierung:** Bei Bedarf können Sie ChatGPT für weitere Anwendungsfälle und Bereiche Ihrer Organisation skalieren, um zusätzliche Effizienzgewinne zu erzielen.

Einsatz von ChatGPT zur Verbesserung der Effizienz bei der Beantwortung von Anfragen von Investoren und Analysten

Die Beantwortung von Anfragen von Investoren und Analysten stellt einen wesentlichen Bestandteil der Investor Relations-Arbeit dar. Die Anfragen können sich auf verschiedene Themen beziehen, wie z. B. zu aktuellen Geschäftszahlen, Unternehmensstrategie, Produktentwicklung oder Finanzierungsmöglichkeiten. Um diese Anfragen schnell und effizient beantworten zu können, kann ChatGPT eingesetzt werden. Durch die automatische Beantwortung von Anfragen und die Bereitstellung von relevanten Informationen wird das Timing der Kommunikation verbessert und die Effizienz gesteigert.

Nutzung von ChatGPT zur Erstellung von maßgeschneiderten und zielgruppenspezifischen Nachrichten für Investoren

Neben der Beantwortung von Anfragen kann ChatGPT auch eingesetzt werden, um maßgeschneiderte Nachrichten für Investoren zu erstellen. Durch die Nutzung von ChatGPT kann ein Unternehmen in der Lage sein, spezifische Informationen für eine bestimmte Zielgruppe aufzubereiten. Diese Nachrichten können personalisiert und an die Bedürfnisse der jeweiligen Investoren angepasst werden.

Ein Beispiel für die Erstellung von maßgeschneiderten und zielgruppenspezifischen Nachrichten für Investoren mit ChatGPT könnte folgendermaßen aussehen:

Angenommen, ein Unternehmen möchte seine Investoren über die neuesten Geschäftsergebnisse informieren und gleichzeitig auf individuelle Interessen und Anlageprofile eingehen.

Hier könnte ChatGPT eingesetzt werden, um personalisierte Nachrichten zu erstellen

1. **Datensammlung:** Sammeln Sie relevante Informationen über Ihre Investoren, wie z. B. Anlageziele, Investitions Präferenzen und Risikobereitschaft. Diese Informationen können aus Ihrem CRM-System oder anderen Datenquellen stammen.
2. **Segmentierung:** Teilen Sie Ihre Investoren in verschiedene Zielgruppen ein, basierend auf ihren individuellen Profilen und Interessen.
3. **Inhaltserstellung:** Nutzen Sie ChatGPT, um für jede Zielgruppe spezifische Inhalte zu erstellen. Dabei können Informationen über die Geschäftsergebnisse, relevante Branchenentwicklungen und andere Nachrichten, die für die jeweilige Zielgruppe von Bedeutung sind, berücksichtigt werden.
4. **Personalisierung:** Trainieren Sie ChatGPT, um die erstellten Nachrichten individuell auf den jeweiligen Investor zuzuschneiden. Dabei kann der Assistent persönliche Anrede, individuelle Anlageschwerpunkte und andere Aspekte berücksichtigen, um die Nachricht persönlicher und ansprechender zu gestalten.
5. **Qualitätskontrolle:** Überprüfen Sie die von ChatGPT erstellten Nachrichten, um sicherzustellen, dass sie korrekt, präzise und für die jeweilige Zielgruppe relevant sind.
6. **Versand:** Senden Sie die maßgeschneiderten Nachrichten an Ihre Investoren, z. B. per E-Mail, Messaging-Plattformen oder über einen personalisierten Investor-Relations-Bereich auf Ihrer Website.

Durch diesen Prozess kann ChatGPT dabei helfen, maßgeschneiderte und zielgruppenspezifische Nachrichten für Investoren zu erstellen, die auf deren individuelle Bedürfnisse und Interessen abgestimmt sind. Dies kann zu einer stärkeren Bindung der Investoren an das Unternehmen und einer verbesserten Kommunikation führen.

ChatGPT zur Analyse von Stimmungen und Meinungen in sozialen Medien und Finanzforen

Eine weitere Möglichkeit ChatGPT in der Investor Relations-Praxis einzusetzen, ist die Analyse von Stimmungen und Meinungen in sozialen Medien und Finanzforen. Durch die Nutzung von ChatGPT kann ein Unternehmen in der Lage sein, die allgemeine Stimmung zu einem Unternehmen oder einem Produkt in den sozialen Medien zu analysieren. Diese Informationen können dann dazu genutzt werden, um gezielte Kommunikationsmaßnahmen einzuleiten.

Um ChatGPT für die Analyse von Stimmungen und Meinungen in sozialen Medien und Finanzforen zu nutzen, sollten Sie die folgenden Schritte durchführen:

Schritte zur Analyse von Stimmungen und Meinungen in sozialen Medien und Finanzforen

1. **Datensammlung:** Sammeln Sie öffentlich verfügbare Daten von sozialen Medien und Finanzforen, die für Ihr Unternehmen oder Produkt relevant sind. Dies kann durch den Einsatz von Web-Scraping-Tools, APIs oder anderen Datenquellen erfolgen.
2. **Datenaufbereitung:** Bereiten Sie die gesammelten Daten auf, indem Sie sie filtern, bereinigen und strukturieren. Entfernen Sie beispielsweise Duplikate, irrelevanten Text oder Spam, um die Qualität der Daten zu verbessern.
3. **Trainieren von ChatGPT:** Trainieren Sie ChatGPT auf den aufbereiteten Daten, um den Assistenten mit der Sprache, den Stimmungen und Meinungen der Nutzer in sozialen Medien und Finanzforen vertraut zu machen. Dabei kann es hilfreich sein, ChatGPT mit bereits annotierten Daten für Stimmungsanalyse zu trainieren, um die Genauigkeit der Analyse zu erhöhen.
4. **Stimmungsanalyse:** Nutzen Sie ChatGPT, um die Stimmung in den gesammelten Daten zu analysieren. Der Assistent kann Texte als positiv, negativ oder neutral einstufen, je nachdem, wie Nutzer über Ihr Unternehmen oder Produkt sprechen.
5. **Meinungsanalyse:** Setzen Sie ChatGPT ein, um Meinungen, Trends und Themen in den Daten zu identifizieren. Dies kann Ihnen helfen, wichtige Diskussionspunkte, Fragen oder Bedenken der Nutzer zu erkennen, die für Ihr Unternehmen relevant sind.
6. **Berichterstattung:** Erstellen Sie Berichte über die Ergebnisse der Stimmungs- und Meinungsanalyse, um wichtige Erkenntnisse und Handlungsempfehlungen für Ihr Unternehmen abzuleiten.
7. **Gezielte Kommunikationsmaßnahmen:** Nutzen Sie die gewonnenen Erkenntnisse, um Ihre Investor Relations-Strategie anzupassen und gezielte Kommunikationsmaßnahmen einzuleiten. Dies kann beispielsweise die Beantwortung von Fragen oder Bedenken, die Förderung positiver Nachrichten oder die Entwicklung von Strategien zur Verbesserung der öffentlichen Wahrnehmung beinhalten.

Einsatz von ChatGPT zur Identifizierung von potenziellen Investoren und der Erstellung von Profilen zur gezielten Ansprache

Die Identifizierung von potenziellen Investoren ist ein wesentlicher Bestandteil der Investor Relations-Arbeit. ChatGPT kann hierbei helfen, potenzielle Investoren zu identifizieren und entsprechende Profile zu erstellen. Diese Profile können dann genutzt werden, um diese

Investoren gezielt anzusprechen und ihnen maßgeschneiderte Informationen zur Verfügung zu stellen.

ChatGPT zur Unterstützung der Erstellung von Präsentationen und Informationsmaterialien für Investoren Veranstaltungen
Die Erstellung von Präsentationen und Informationsmaterialien für Investorenveranstaltungen ist bedeutend im Rahmen der Investor Relations-Arbeit. Bei der Erstellung dieser Materialien kann ChatGPT helfen, indem es die notwendigen Informationen aus verschiedenen Quellen zusammenstellt und in einem einheitlichen Format aufbereitet.

Nutzung von ChatGPT zur Optimierung von IR-Websites und Bereitstellung von personalisierten Inhalten für verschiedene Benutzergruppen
Die Optimierung der Investor Relations-Website ist ein wesentlicher Bestandteil. Die Website muss regelmäßig aktualisiert und an die Bedürfnisse der verschiedenen Nutzergruppen angepasst werden. ChatGPT kann hierbei helfen, indem es die Website analysiert und personalisierte Inhalte für die verschiedenen Nutzergruppen erstellt.

Einsatz von ChatGPT zur Verbesserung des internen Berichtswesens und der Kommunikation mit dem Management-Team
Die Kommunikation mit dem Management-Team und die Erstellung von internen Berichten sind essenzielle Aufgaben im Rahmen der Investor Relations-Arbeit. ChatGPT kann hierbei helfen, indem es automatisiert Berichte erstellt und diese an das Management-Team weiterleitet. So kann die Kommunikation und das Berichtswesen innerhalb des Unternehmens effizienter gestaltet werden.

Anwendung von ChatGPT zur Erkennung von möglichen Risiken und Chancen in Bezug auf Investor Relations und deren Kommunikation an das Management
Die Erkennung von Risiken und Chancen in Bezug auf Investor Relations ist eine weitere wichtige Aufgabe. ChatGPT kann hierbei helfen, indem es Daten analysiert und mögliche Risiken und Chancen identifiziert. Diese Informationen können dann an das Management weitergegeben werden, um geeignete Maßnahmen einzuleiten.

Ein konkretes Beispiel für die Anwendung von ChatGPT zur Erkennung von möglichen Risiken und Chancen in Bezug auf Investor Relations und deren Kommunikation an das Management:

Angenommen, ein Unternehmen möchte die Reaktionen der Investoren auf eine bevorstehende Produkteinführung verstehen und potenzielle Risiken und Chancen identifizieren, um seine Investor Relations-Strategie anzupassen.

1. **Datensammlung:** Das Unternehmen sammelt relevante Daten aus unterschiedlichen Quellen wie Pressemitteilungen, Analystenberichte, Finanznachrichten, soziale Medien und Finanzforen.

2. **Analyse mit ChatGPT:** ChatGPT wird genutzt, um die gesammelten Daten zu analysieren und mögliche Risiken und Chancen in Bezug auf die Produkteinführung zu identifizieren. Beispielsweise könnte ChatGPT feststellen, dass viele Investoren besorgt sind, ob das neue Produkt in einem wettbewerbsintensiven Markt erfolgreich sein kann, was ein potenzielles Risiko darstellt. Andererseits könnte ChatGPT auch positive Reaktionen erkennen, die auf eine starke Nachfrage und eine Chance für das Unternehmen hinweisen.
3. **Berichterstattung:** Auf Basis der Analyse erstellt das Unternehmen einen Bericht, der die identifizierten Risiken und Chancen hervorhebt. Der Bericht kann beispielsweise die wichtigsten Bedenken der Investoren, die erwartete Marktreaktion und die potenziellen Auswirkungen auf den Aktienkurs enthalten.
4. **Kommunikation an das Management:** Der Bericht wird an das Management weitergegeben, das dann entscheiden kann, welche Maßnahmen ergriffen werden sollten, um die identifizierten Risiken zu minimieren und die Chancen zu maximieren. Dies könnte beispielsweise die Anpassung der Marketingstrategie, die Verbesserung der Kommunikation mit Investoren oder die Implementierung von Maßnahmen zur Risikominderung beinhalten.

Durch die Nutzung von ChatGPT zur Erkennung von Risiken und Chancen kann das Unternehmen seine Investor Relations-Strategie proaktiv anpassen und besser auf die Bedürfnisse und Erwartungen der Investoren eingehen.

Diskussion über ethische und datenschutzrechtliche Aspekte bei der Verwendung von ChatGPT in der Investor Relations-Praxis
Wie bei jeder Form der Anwendung von künstlicher Intelligenz gibt es auch bei der Nutzung von ChatGPT in der Investor Relations-Praxis eine Reihe von ethischen und datenschutzrechtlichen Aspekten zu berücksichtigen. So muss zum Beispiel sichergestellt werden, dass die Daten der Investoren und Analysten vertraulich behandelt werden und nicht in die falschen Hände gerät. Zudem sollte eine klare Kommunikation über die Nutzung von ChatGPT in der Investor Relations-Praxis erfolgen, damit alle Beteiligten über die Möglichkeiten und Grenzen dieser Technologie informiert sind.

7.3.1 Automatisierte Erstellung von Berichten

Die automatisierte Erstellung von Berichten ist eine der wichtigsten Anwendungsmöglichkeiten von ChatGPT in der Pflege von Investor Relations. Dabei kann ChatGPT in mehreren Bereichen eingesetzt werden:

- Integration in bestehende Berichtssysteme: ChatGPT kann in bestehende Berichtssysteme integriert werden, um automatisch Finanz- und Performanceberichte zu generieren.
- Erstellung von Quartals- und Jahresberichten: ChatGPT kann für die Erstellung von Quartals- und Jahresberichten eingesetzt werden, wobei die jeweiligen Branchenstandards und regulatorischen Anforderungen berücksichtigt werden müssen.
- Automatisierung von Management-Reports: ChatGPT kann für die Automatisierung von Management-Reports eingesetzt werden, um Key Performance Indicators (KPIs) und Benchmarks zu generieren.
- Erstellung von Earnings-Release-Dokumenten und Analystenpräsentationen: ChatGPT kann für die Erstellung von Earnings-Release-Dokumenten und Analystenpräsentationen eingesetzt werden.
- Erstellung von maßgeschneiderten Berichten: Mit Hilfe von ChatGPT können maßgeschneiderte Berichte für verschiedene Stakeholder wie Aktionäre, Analysten, Aufsichtsräte und Mitarbeiter erstellt werden.
- Identifikation und Aufbereitung von Finanzkennzahlen: ChatGPT kann für die Identifikation und Aufbereitung von Finanzkennzahlen und -highlights eingesetzt werden, um diese in Berichte zu integrieren.
- Analyse von Marktdaten und Wettbewerbsinformationen: ChatGPT kann für die Analyse von Marktdaten, Wettbewerbsinformationen und Branchentrends eingesetzt werden, um fundierte Einblicke in Berichte zu integrieren.
- Automatische Übersetzung von Berichten: ChatGPT kann für die automatische Übersetzung von Berichten in verschiedene Sprachen eingesetzt werden, um internationalen Investoren gerecht zu werden.
- Generierung von Executive Summaries und Kommentaren: ChatGPT kann für die Generierung von zusammenfassenden Executive Summaries und Kommentaren zu Finanzergebnissen eingesetzt werden.
- Aktualisierung von Berichten: ChatGPT kann für die kontinuierliche Aktualisierung von Berichten eingesetzt werden, um jederzeit aktuelle Informationen bereitzustellen.

7.3.2 ChatGPT in der Ad-hoc-Berichterstattung

Die Ad-hoc-Berichterstattung ist ein wichtiges Instrument in der Investor-Relations-Arbeit. Sie ermöglicht es, auf Anfragen von Investoren, Analysten oder internen Stakeholdern schnell und effizient zu reagieren. GPT kann dabei eine wertvolle Rolle spielen.

Durch die Nutzung von GPT ist es möglich, Ad-hoc-Berichte schnell und automatisiert zu erstellen. Die ChatGPT-Technologie kann dabei auch unstrukturierte Daten aus verschiedenen Quellen zusammenfassen und analysieren, um daraus einen Bericht zu erstellen. So kann beispielsweise ein Bericht über aktuelle Markt- oder Branchenereignisse, die möglicherweise Auswirkungen auf das Unternehmen oder seine Investoren haben, schnell und automatisiert erstellt werden.

Darüber hinaus kann GPT dabei helfen, Trends, Muster und Anomalien in Daten zu identifizieren, um diese in den Ad-hoc-Berichten darzustellen. Es können zudem automatisch Grafiken, Diagramme und Visualisierungen erstellt werden, die die Berichterstattung unterstützen.

Die Integration von GPT in bestehende Ad-hoc-Berichterstattungssysteme kann zudem zu einer höheren Effizienz und Reaktionsfähigkeit führen. Durch die Verwendung von GPT kann beispielsweise ein Bericht, der spezifische Fragen von Investoren und Analysten adressiert, schnell und maßgeschneidert erstellt werden, um einen effizienten Informationsaustausch zu ermöglichen.

Die Möglichkeit, Ad-hoc-Berichte in verschiedenen Sprachen zu erstellen, kann zudem dazu beitragen, den Anforderungen internationaler Investoren gerecht zu werden. Die kontinuierliche Aktualisierung der Berichte, basierend auf neuen Daten und Informationen, stellt sicher, dass die Investoren stets relevante und aktuelle Informationen erhalten.

Eine weitere Einsatzmöglichkeit von GPT in der Ad-hoc-Berichterstattung ist die Erstellung von umfassenden Risikoanalysen und Szenarioanalysen. Diese können beispielsweise dazu dienen, mögliche Auswirkungen von Marktveränderungen auf das Unternehmen und seine Investoren abzuschätzen und entsprechende Empfehlungen abzuleiten.

7.3.3 ChatGPT im back office von Hauptversammlungen

Die Hauptversammlung ist eine der wichtigsten Veranstaltungen eines Unternehmens. Sie stellt das Bindeglied zwischen Aktionären und Unternehmen dar und ermöglicht es, die Interessen der Aktionäre mit denen des Unternehmens abzugleichen. Bei der Organisation und Durchführung einer Hauptversammlung sind viele Aufgaben zu bewältigen, welche sich durch den Einsatz von ChatGPT vereinfachen lassen.

Eine der Aufgaben, die durch ChatGPT automatisiert werden kann, besteht in der Erstellung von Einladungen und Tagesordnungspunkten. Durch die Integration von ChatGPT in das Back Office der Hauptversammlung kann das Unternehmen Einladungen automatisch generieren und versenden. Auch die Erstellung von Tagesordnungspunkten kann durch diesen Prozess automatisiert werden.

Bei der Vorbereitung von Präsentationen und Reden für die Hauptversammlung kann ChatGPT unterstützend wirken. Durch die Verwendung von ChatGPT kann das Unternehmen Präsentationen und Reden im Voraus erstellen, indem die Software die Inhalte automatisch generiert.

Eine weitere Aufgabe, die durch ChatGPT automatisiert werden kann, ist die Analyse von Aktionärsanfragen und die Vorbereitung von Antworten. Durch die automatische

Analyse der Anfragen kann ChatGPT die Relevanz der Fragen erkennen und vorbereitete Antworten liefern. So kann das Unternehmen schneller und effizienter auf die Wünsche der Aktionäre eingehen.

ChatGPT kann auch in die Organisation von virtuellen Hauptversammlungen integriert werden. Durch die Automatisierung von Prozessen, wie der Registrierung von Teilnehmern und der Verwaltung von Fragen, kann ChatGPT die Hauptversammlung effizienter gestalten.

Der Einsatz von ChatGPT kann zudem Entscheidungsträger bei der Vorbereitung von Diskussionsbeiträgen unterstützen. Durch die Verwendung von ChatGPT kann das Unternehmen Diskussionsbeiträge im Voraus erstellen und sie auf die Bedürfnisse der Aktionäre zuschneiden.

Die automatisierte Protokollierung und Dokumentation der Hauptversammlung ist ebenfalls durch den Einsatz von ChatGPT möglich. Durch die automatische Erfassung der Diskussionen und Beschlüsse kann das Unternehmen diese Informationen effizient dokumentieren und archivieren.

ChatGPT kann auch bei der Analyse von Stimmrechtsvertretern und Aktionärsstrukturen eingesetzt werden. Durch die Verwendung von ChatGPT kann das Unternehmen die Interessen der Aktionäre besser verstehen und auf diese eingehen.

Die Nutzung von ChatGPT kann auch helfen, Aktionären bei der Suche nach relevanten Informationen und Dokumenten zu unterstützen. Durch die Integration von ChatGPT in das Back Office der Hauptversammlung kann das Unternehmen Informationen und Dokumente einfacher zugänglich und auffindbar machen.

Einsatz von ChatGPT zur Erfüllung regulatorischer Vorgaben bei Hauptversammlungen

Letztendlich kann ChatGPT dazu beitragen, die Erfüllung regulatorischer Vorgaben bei Hauptversammlungen sicherzustellen. Indem das Unternehmen auf ChatGPT zurückgreift, kann es automatisch die Einhaltung dieser Vorgaben kontrollieren und gewährleisten.

Zusätzlich ermöglicht der Einsatz von ChatGPT eine verbesserte Kommunikation zwischen dem Unternehmen und seinen Aktionären während der Hauptversammlung. Durch den Gebrauch von ChatGPT kann das Unternehmen Informationen zügig und effektiv weitergeben sowie auf Fragen und Vorschläge der Anteilseigner reagieren.

Literatur

Gartner Glossary, Chatbot, 2023, https://www.gartner.com/en/information-technology/glossary/chatbot
IBM Conversational Agent Watson, 2023, https://www.ibm.com/watson/ai-conversational-agent
Pertlwieser, M., Das Richtige digitalisieren, 2022, https://doi.org/10.1007/978-3-658-35447-3
Schallmo, D. R. A., et al. (Hrsg.), Digitalisierung, 2023, https://doi.org/10.1007/978-3-658-36634-6
Schneider, T., Digitalisierung und Künstliche Intelligenz, 2022, https://doi.org/10.1007/978-3-658-33860-2

Strategie 8

Um die Audioversion dieses Kapitels zu hören, klicken Sie auf den Link oder scannen Sie ihn mit der Springer Nature More Media App:
▶ sn.pub/ocngew

8.1 Zusammenfassung

Die Strategieabteilung eines Unternehmens ist eine zentrale Schnittstelle für die Entwicklung, Abstimmung und Implementierung von Strategien. Sie ist verantwortlich für die Festlegung von strategischen Zielen und die Erarbeitung von Maßnahmen zur Erreichung dieser Ziele. Hauptaufgaben der Strategieabteilung umfassen die Entwicklung und Implementierung von Strategien, die Zusammenarbeit mit der Geschäftsführung und Fachabteilungen, die Bewertung der Markt- und Wettbewerbssituation sowie die Überwachung und Analyse der Strategieumsetzung.

Der Einsatz von ChatGPT in der Strategieentwicklung bietet viele Vorteile. ChatGPT kann die Strategieabteilung in verschiedenen Bereichen unterstützen, wie z. B. bei der Identifizierung von Marktchancen und Geschäftsfeldern, bei der Bewertung von strategischen Investitionen, bei der Analyse von internen und externen Prozessen sowie bei der Entwicklung von Geschäftsstrategien und Roadmaps.

Ein konkretes Anwendungsbeispiel ist die Nutzung von ChatGPT zur Unterstützung von SWOT-Analysen und Benchmarking. Dadurch kann eine strukturierte Entscheidungsgrundlage geschaffen und die Strategieentwicklung effektiver gestaltet werden.

© Der/die Autor(en), exklusiv lizenziert an Springer Fachmedien Wiesbaden GmbH, ein Teil von Springer Nature 2025

T. Hüsch et al., *Einsatzmöglichkeiten von GPT in Finance, Compliance und Audit*,
https://doi.org/10.1007/978-3-658-49460-5_8

Im Bereich der Markttrends und Wettbewerbsanalyse hilft ChatGPT, ein besseres Verständnis für Marktdynamiken zu erhalten und ermöglicht es, sich frühzeitig auf Veränderungen einzustellen. Dazu werden große Datenmengen verschiedener Quellen analysiert, um Muster und Trends zu erkennen. Die Ergebnisse können dann in der Strategieentwicklung Berücksichtigung finden.

In Bezug auf die Identifikation von strategischen Optionen kann ChatGPT durch die Analyse von Daten aus unterschiedlichen Quellen auf mögliche Alternativen hinweisen. Diese können von der Strategieabteilung weiter ausgearbeitet und bewertet werden. ChatGPT hilft dabei, Kostensenkungspotenziale sowie Synergien zwischen Geschäftsbereichen zu identifizieren und die Prioritäten für strategische Initiativen zu setzen.

Im Bereich von M&A-Prozessen ermöglicht die Nutzung von ChatGPT eine effektivere Suche und Bewertung potenzieller Übernahmekandidaten. Die KI kann eine Hilfestellung bei der Due Diligence bieten sowie bei der Durchführung und Erfolgsmessung von M&A-Transaktionen. Dabei werden Geschäftsberichte, Bilanzen und Jahresabschlüsse sowie andere Unterlagen analysiert, um Risikofaktoren und Erfolgsfaktoren zu identifizieren.

Insgesamt kann der Einsatz von ChatGPT in der Strategieentwicklung eines Unternehmens die Strukturierung und Effizienz von Entscheidungs- und Planungsabläufen verbessern, bisher unentdeckte Marktgelegenheiten und Geschäftsbereiche erschließen sowie fundierte strategische Entscheidungen ermöglichen.

8.2 Definition und Aufgaben der Strategieabteilung

Die Strategieabteilung ist eine interne Beratungseinheit, die sich mit der Entwicklung, Abstimmung und Implementierung von Strategien beschäftigt. Sie ist eine zentrale Schnittstelle zwischen der Geschäftsführung, den Fachabteilungen und externen Beratern. Die Strategieabteilung ist dafür verantwortlich, die strategischen Ziele des Unternehmens festzulegen und geeignete Maßnahmen zu entwickeln, um diese Ziele zu erreichen.

Zu den Hauptaufgaben der Strategieabteilung gehören

- Die Entwicklung und Implementierung von Strategien, die auf die Erreichung der Unternehmensziele abzielen.
- Die Zusammenarbeit mit der Geschäftsführung und den Fachabteilungen, um die Strategie auf die Bedürfnisse und Anforderungen des Unternehmens abzustimmen.
- Die Bewertung der aktuellen und zukünftigen Markt- und Wettbewerbssituation, um relevante Trends und Entwicklungen frühzeitig zu erkennen und in die strategische Planung mit einzubeziehen.

- Die Überwachung und Analyse der Umsetzung der Strategie, um gegebenenfalls Anpassungen vorzunehmen.

Die Begriffe „Strategie", „Taktik" und „operative Planung" werden häufig synonym verwendet, unterscheiden sich jedoch in ihrer Bedeutung:

Die Strategie beschäftigt sich mit der langfristigen Ausrichtung des Unternehmens und definiert Ziele und Maßnahmen, um diese zu erreichen.

Die Taktik hingegen geht auf die konkrete Umsetzung der Strategie ein und beschäftigt sich mit den Mitteln und Wegen, die zum Erreichen der strategischen Ziele eingesetzt werden.

Die operative Planung schließlich befasst sich mit den kurzfristigen Maßnahmen, die notwendig sind, um die Taktik umzusetzen.

Eine strategische Planung ist entscheidend für den langfristigen Erfolg eines Unternehmens. Sie ermöglicht es, die eigenen Stärken und Schwächen sowie Chancen und Risiken im Markt zu erkennen und gezielt darauf einzugehen. Die strategische Planung hilft dem Unternehmen, sich auf die Zukunft auszurichten und sich gegenüber Wettbewerbern zu differenzieren.

Die Strategieentwicklung und -implementierung ist ein mehrstufiger Prozess, der aus folgenden Schritten besteht

- Zunächst werden die Unternehmensziele und die aktuelle Situation des Unternehmens analysiert.
- Auf Basis dieser Analyse werden verschiedene Strategieoptionen erarbeitet.
- Die Optionen werden bewertet und auf ihre Machbarkeit hin überprüft.
- Die ausgewählte Strategie wird in konkrete Ziele und Maßnahmen übersetzt.
- Die Umsetzung der Strategie wird begleitet und regelmäßig überprüft.

Die Strategieabteilung arbeitet eng mit anderen Abteilungen im Unternehmen zusammen, um die Strategie abzustimmen und umzusetzen. Zu den wichtigsten Schnittstellen gehören die Geschäftsführung, die Fachabteilungen und die Unternehmenskommunikation. Die Zusammenarbeit ermöglicht es, die Strategie auf die Bedürfnisse des Unternehmens auszurichten und einheitlich zu kommunizieren.

Die Strategieentwicklung ist immer auch von externen Faktoren und Trends beeinflusst. So können etwa neue Technologien, Veränderungen in der Gesetzgebung oder neue Wettbewerber die strategische Ausrichtung eines Unternehmens beeinflussen. Die Strategieabteilung muss diese Faktoren und Trends frühzeitig erkennen und in ihre Planung mit einbeziehen.

Die Strategieabteilung spielt auch eine wichtige Rolle bei der Evaluierung von Geschäftsrisiken. Sie identifiziert potenzielle Risiken, die sich aus der strategischen Ausrichtung des Unternehmens ergeben, und arbeitet mit anderen Abteilungen zusammen, um diese Risiken zu managen.

Langfristiges Denken und Nachhaltigkeit sind in der heutigen Zeit von großer Bedeutung für die Strategieentwicklung. Unternehmen, die sich auf langfristige Ziele ausrichten und nachhaltig wirtschaften, haben bessere Chancen, sich gegenüber Wettbewerbern durchzusetzen, Kunden und Mitarbeiter zu binden und ihre Marke positiv aufzuladen.

Die Strategieabteilung stellt hohe Anforderungen an die Führung und die Mitarbeiter. Sie sollten über umfassende Kenntnisse in den Bereichen Strategie, Planung und Analyse verfügen und in der Lage sein, komplexe Zusammenhänge zu verstehen und zu erklären. Darüber hinaus sollten sie über ausgeprägte kommunikative Fähigkeiten verfügen, um mit verschiedenen Stakeholdern im Unternehmen zusammenzuarbeiten.

8.3 ChatGPT in der Strategieentwicklung

Wie bereits in Abschn. 9.2 beschrieben, ist die Strategieabteilung eines Unternehmens in der Regel für die Entwicklung und Umsetzung der Unternehmensstrategie zuständig. Sie ist damit ein wesentlicher Bestandteil der Unternehmensführung. Die Strategieabteilung ist auch für die Entwicklung von Visionen, Leitbildern und strategischen Zielen in Abstimmung mit der Unternehmensleitung verantwortlich.

Die Nutzung von ChatGPT in der Strategieentwicklung kann auf verschiedene Weise erfolgen. Ein möglicher Ansatzpunkt ist die Unterstützung von SWOT-Analysen und Benchmarking. Mithilfe von ChatGPT kann die Strategieabteilung Informationen aus unterschiedlichen Quellen systematisch zusammenfassen und analysieren. Auf diese Weise kann ChatGPT helfen, strukturierte Entscheidungsgrundlagen zu schaffen.

Ein konkretes Beispiel für die Unterstützung von SWOT-Analysen und Benchmarking durch ChatGPT in der Strategieentwicklung:

Angenommen, ein Unternehmen aus der Elektroautoindustrie möchte seine Strategie überarbeiten und benötigt eine umfassende SWOT-Analyse sowie einen Benchmarking-Vergleich mit seinen Hauptwettbewerbern.

Beispiel Strategieüberarbeitung in der Elektroautoindustrie

1. **Datensammlung:** Das Unternehmen sammelt relevante Daten aus verschiedenen Quellen wie Branchenberichten, Unternehmensprofilen, Pressemitteilungen, Analystenberichten, sozialen Medien und Kundenbewertungen.

2. **SWOT-Analyse mit ChatGPT:** ChatGPT wird genutzt, um die gesammelten Daten zu analysieren und die Stärken, Schwächen, Chancen und Bedrohungen (SWOT) des Unternehmens zu identifizieren. Beispielsweise könnte ChatGPT feststellen, dass das Unternehmen über eine starke Marke und innovative Technologien verfügt (Stärken), aber auch mit Produktionsengpässen und hohen Entwicklungskosten konfrontiert ist (Schwächen). Zudem könnten Chancen wie neue Absatzmärkte und Bedrohungen wie steigende Rohstoffpreise identifiziert werden.
3. **Benchmarking-Analyse mit ChatGPT:** ChatGPT wird auch eingesetzt, um einen Benchmarking-Vergleich mit den Hauptwettbewerbern durchzuführen. Dies könnte beispielsweise den Vergleich von Marktanteilen, Produktportfolios, Technologieentwicklungen, Finanzkennzahlen und Kundenzufriedenheit umfassen. Auf diese Weise erhält das Unternehmen eine umfassende Übersicht über seine relative Position im Markt.
4. **Berichterstattung:** Auf Basis der Analyse erstellt das Unternehmen einen Bericht, der die Ergebnisse der SWOT-Analyse und des Benchmarking-Vergleichs zusammenfasst. Dieser Bericht dient als strukturierte Entscheidungsgrundlage für die Strategieentwicklung.
5. **Strategieentwicklung:** Die Strategieabteilung nutzt den Bericht, um die bestehende Strategie anzupassen und neue strategische Initiativen zu entwickeln. Dies könnte beispielsweise die Optimierung von Produktionsprozessen, die Erschließung neuer Absatzmärkte oder die Entwicklung neuer Technologien umfassen.

Durch die Nutzung von ChatGPT zur Unterstützung von SWOT-Analysen und Benchmarking kann das Unternehmen eine fundierte Entscheidungsgrundlage schaffen und seine Strategieentwicklung effektiver gestalten.

Darüber hinaus kann ChatGPT bei der Identifikation von neuen Marktchancen und Geschäftsfeldern helfen. Hierbei kann ChatGPT etwa durch die Analyse von Markt- und Wettbewerbsinformationen oder durch die Identifikation von Trends und Technologien unterstützen. Dadurch kann die Strategieabteilung ein besseres Verständnis für die strategische Ausrichtung des Unternehmens entwickeln.

Weiterhin kann ChatGPT bei der Bewertung von strategischen Investitionen und Projekten hilfreich sein. Hier kann die Strategieabteilung verschiedene Szenarien simulieren, die Kosten und Nutzen von Projekten abschätzen und Entscheidungsalternativen vergleichen. Auf diese Weise kann ChatGPT helfen, fundierte Entscheidungen zu treffen.

In der Strategieentwicklung kann ChatGPT bei der Optimierung von Unternehmensstrukturen und -prozessen helfen. Durch die Analyse von internen und externen Prozessen kann ChatGPT helfen, Schwachstellen und Potenziale zu identifizieren und Verbesserungsvorschläge auszuarbeiten.

Schließlich kann ChatGPT bei der Entwicklung von Geschäftsstrategien und Roadmaps unterstützen. Durch die Analyse von Strategieoptionen und der Entwicklung von Szenarien kann ChatGPT dazu beitragen, die Strategieentwicklung zu strukturieren und zu vereinfachen. Darüber hinaus kann ChatGPT bei der Identifikation von Risiken und Chancen in der Wertschöpfungskette helfen.

Im Ganzen kann ChatGPT die Strategieabteilung eines Unternehmens auf verschiedene Arten fördern. Durch den Einsatz von ChatGPT lässt sich die Strukturierung und Effizienz von Entscheidungs- und Planungsabläufen verbessern, bisher unentdeckte Marktgelegenheiten und Geschäftsbereiche erschließen sowie fundierte strategische Entscheidungen treffen.

8.3.1 Analyse von Markttrends und Wettbewerb

Der Einsatz von ChatGPT in der Strategieentwicklung bietet zahlreiche Vorteile. Eine wesentliche Rolle spielt dabei die Möglichkeit, durch die Nutzung von ChatGPT in der Lage zu sein, Trends und Veränderungen im Markt sowie die Wettbewerbssituation einzuschätzen. Durch die Kombination von Machine Learning und natürlicher Sprachverarbeitung kann ChatGPT dabei helfen, ein besseres Verständnis für die Dynamik in einem Marktsegment zu erhalten.

Die Nutzung von ChatGPT zur Identifikation von aufstrebenden Markttrends ermöglicht es, sich frühzeitig auf Veränderungen einzustellen und entsprechende Strategien zu entwickeln. Durch die Analyse von Daten aus unterschiedlichen Quellen kann ChatGPT Muster erkennen und Trends identifizieren, die für die Strategieentwicklung wichtig sind. Dies kann beispielsweise die Analyse von Social Media Posts, News oder Marktstudien umfassen. Durch diese Analyse können Veränderungen im Marktverhalten, neue Produkt- und Serviceangebote oder sich abzeichnende Technologietrends aufgespürt werden.

Ein konkretes Beispiel für die Identifikation von Mustern und Trends durch ChatGPT:

Angenommen, ein Unternehmen aus der Modebranche möchte aufstrebende Modetrends erkennen, um seine Produktstrategie anzupassen und wettbewerbsfähig zu bleiben.

Beispiel erkennen von Trends in der Modebranche

1. **Datensammlung:** Das Unternehmen sammelt relevante Daten aus verschiedenen Quellen wie Social-Media-Plattformen (z. B. Instagram, Pinterest, Twitter), Modenachrichten, Blogs, Online-Shopping-Plattformen und Branchenberichten.
2. **Analyse mit ChatGPT:** ChatGPT wird genutzt, um die gesammelten Daten zu analysieren und Muster sowie Trends zu identifizieren. Dabei werden Aspekte wie Farben, Materialien, Schnitte, Muster und Stile berücksichtigt.

3. **Identifikation von Trends:** Durch die Analyse erkennt ChatGPT beispielsweise, dass in den kommenden Saisons nachhaltige Materialien wie Bio-Baumwolle und recyceltes Polyester an Bedeutung gewinnen. Zudem stellt ChatGPT fest, dass bestimmte Farben wie Pastelltöne und erdige Farben sowie Oversized-Silhouetten und geometrische Muster im Trend liegen.
4. **Berichterstattung:** Auf Basis der Analyse erstellt das Unternehmen einen Bericht, der die identifizierten Modetrends zusammenfasst. Dieser Bericht dient als Entscheidungsgrundlage für die Produktstrategie.
5. **Strategieanpassung:** Die Design- und Produktentwicklungsabteilungen nutzen den Bericht, um ihre Kollektionen und Produktangebote entsprechend der identifizierten Trends zu gestalten. Dies könnte beispielsweise die Einführung neuer Kleidungsstücke aus nachhaltigen Materialien, die Anpassung der Farbpalette oder die Entwicklung von neuen Mustern und Schnitten beinhalten.

Durch die Nutzung von ChatGPT zur Identifikation von aufstrebenden Markttrends kann das Unternehmen seine Produktstrategie frühzeitig anpassen und so seine Wettbewerbsposition stärken.

Darüber hinaus bietet der Einsatz von ChatGPT die Möglichkeit, die Wettbewerbslandschaft zu analysieren. Durch die Fähigkeit, große Datenmengen zu verarbeiten, kann ChatGPT helfen, die Stärken und Schwächen der Wettbewerber zu identifizieren und deren Strategien zu bewerten. Dies kann beispielsweise durch die Analyse von Unternehmensberichten, Pressemitteilungen oder Marktstudien erfolgen.

Die Nutzung von ChatGPT für die Analyse von Marktsegmenten und Zielgruppen kann ebenfalls wertvolle Erkenntnisse liefern. Durch die Auswertung von Daten aus unterschiedlichen Quellen kann ein besseres Verständnis für die Bedürfnisse und Präferenzen der Kunden gewonnen werden. Dies kann wiederum helfen, die eigenen Angebote besser auf diese Zielgruppe abzustimmen.

Zusammenfassend lässt sich sagen, dass der Einsatz von ChatGPT in der Strategieentwicklung das Potenzial hat, die Fähigkeit eines Unternehmens zur Trend- und Wettbewerbsanalyse deutlich zu verbessern. Durch die Identifikation von Trends, die Analyse der Wettbewerbslandschaft und die Untersuchung von Marktsegmenten und Zielgruppen kann ein Unternehmen seine Strategie besser an die sich verändernden Marktbedingungen anpassen.

8.3.2 Identifikation von strategischen Optionen

Wie bereits in Abschn. 9.2 erläutert, hat die Strategieabteilung eines Unternehmens die Aufgabe, langfristige Ziele festzulegen, Optionen für die Entwicklung des Unternehmens zu identifizieren und geeignete Maßnahmen zur Umsetzung dieser Ziele vorzuschlagen.

ChatGPT kann in diesem Zusammenhang eine wertvolle Unterstützung sein. Die folgenden Abschnitte erläutern einige Möglichkeiten, wie ChatGPT bei der Identifikation von strategischen Optionen eingesetzt werden kann.

Die Strategieabteilung ist immer auf der Suche nach neuen Ideen, um das Unternehmen weiterzuentwickeln. ChatGPT kann hierbei wertvolle Unterstützung leisten. Durch die Analyse von Daten aus unterschiedlichen Quellen, wie z. B. Marktstudien, Kundenbefragungen oder Geschäftsberichten, kann ChatGPT mögliche strategische Alternativen identifizieren. Diese können dann von der Strategieabteilung weiter ausgearbeitet und bewertet werden.

Im Rahmen der Strategieentwicklung werden häufig zahlreiche Ideen und Initiativen entwickelt. Die Entscheidung, welche Initiativen umgesetzt werden sollen, ist nicht immer einfach. ChatGPT kann dabei helfen, die Prioritäten zu setzen. Durch die Analyse der Vorteile und Nachteile der verschiedenen Initiativen und eine Bewertung der Erfolgsaussichten kann ChatGPT helfen, die strategischen Initiativen in eine Rangfolge zu bringen. Diese Priorisierung kann dann als Entscheidungsgrundlage für die Strategieabteilung dienen.

Eine Möglichkeit, die Wettbewerbsfähigkeit eines Unternehmens zu erhöhen, ist die Reduzierung von Kosten. ChatGPT kann in diesem Zusammenhang helfen, Kostensenkungspotenziale zu identifizieren. Durch die Analyse von Kostenstrukturen und Prozessen kann ChatGPT Bereiche identifizieren, in denen Kosten reduziert oder Prozesse effizienter gestaltet werden können.

Eine weitere Möglichkeit zur Weiterentwicklung eines Unternehmens besteht darin, Synergien zwischen verschiedenen Geschäftsbereichen auszunutzen. ChatGPT kann hierbei unterstützen. Durch die Analyse von Produkten, Dienstleistungen und Prozessen der verschiedenen Geschäftsbereiche kann ChatGPT Synergien identifizieren, die dann von der Strategieabteilung genutzt werden können.

Zusammenarbeit mit anderen Unternehmen kann für ein Unternehmen von Vorteil sein. ChatGPT kann bei der Bewertung solcher Partnerschafts- und Kooperationsmöglichkeiten helfen. Durch die Analyse von Informationen über potenzielle Partner und die Bewertung der jeweiligen Stärken und Schwächen kann ChatGPT helfen, die Chancen und Risiken einer Zusammenarbeit abzuschätzen.

Eine weitere Möglichkeit zur Weiterentwicklung eines Unternehmens ist die Diversifizierung, d. h. die Erweiterung des Produkt- und Dienstleistungsangebots. ChatGPT kann hierbei unterstützen. Durch die Analyse von Markt- und Branchendaten kann ChatGPT helfen, mögliche neue Geschäftsfelder und Produkte zu identifizieren, die für das Unternehmen interessant sein könnten.

Eine Strategie zur Weiterentwicklung eines Unternehmens kann darin bestehen, neue Märkte zu erschließen. ChatGPT kann dazu beitragen, solche Marktexpansionsmöglichkeiten zu identifizieren. Durch die Analyse von Markt- und Branchendaten kann ChatGPT helfen, potenzielle neue Absatzmärkte, Zielgruppen oder Vertriebskanäle zu identifizieren.

Eine wichtige Grundlage für die Entwicklung einer Strategie ist die Analyse der eigenen Ressourcen und Kompetenzen. ChatGPT kann dabei helfen, diese zu identifizieren und zu bewerten. Durch die Analyse von Unternehmensdaten kann ChatGPT helfen, die Stärken und Schwächen des Unternehmens zu identifizieren und die strategisch wichtigen Ressourcen und Kompetenzen herauszufiltern.

8.3.3 Einsatz in M&A-Prozessen

Die Möglichkeiten, die ChatGPT im Bereich Strategie bietet, sind vielfältig. Ein besonderer Anwendungsbereich kann sich dabei in Mergers & Acquisitions (M&A) Prozessen ergeben. Bei der Identifizierung von möglichen M&A Zielen kann ChatGPT die Suche nach passenden Unternehmen unterstützen. Dabei kann zum einen die Recherche von Informationen übernommen werden, zum anderen kann ChatGPT durch die Verarbeitung großer Datenmengen auch Zusammenhänge und Synergien erkennen, die für den Menschen aufgrund der schieren Datenmenge schwer nachzuvollziehen sind.

Darüber hinaus kann ChatGPT auch bei der Bewertung von Unternehmensübernahmen und -fusionen eingesetzt werden. Durch die Analyse von Finanzdaten, Marktanteilen, Umsatzentwicklung und anderen Kennzahlen kann ChatGPT die Entscheidungsfindung unterstützen. Zum einen kann die AI die Daten validieren und aufbereiten, zum anderen kann ChatGPT bei der Identifizierung von Risiken und Chancen behilflich sein.

Bei der Durchführung von M&A-Transaktionen kann ChatGPT ebenfalls eine unterstützende Rolle spielen. So kann die AI beispielsweise bei der Analyse von Synergien zwischen den beteiligten Unternehmen helfen. Bei der Due Diligence, also der umfassenden Prüfung des Zielunternehmens, kann ChatGPT ebenfalls eine Hilfestellung bieten. Durch die Analyse von Geschäftsberichten, Bilanzen, Jahresabschlüssen und anderen Unterlagen kann die AI auf mögliche Risikofaktoren hinweisen.

Auch im Rahmen von M&A-Verhandlungen kann ChatGPT eingesetzt werden. Durch die Analyse von Verhandlungsprotokollen und -transkripten kann die AI mögliche Verhandlungsstrategien identifizieren und Empfehlungen für die weitere Vorgehensweise geben. In der Post-Merger-Integration (PMI) kann ChatGPT ebenfalls eine wichtige Rolle spielen. Die AI kann beispielsweise bei der Harmonisierung von Unternehmensprozessen und -strukturen helfen oder bei der Identifizierung von Redundanzen.

Zur Erfolgsmessung einer M&A-Transaktion kann ChatGPT ebenso beitragen. Durch die Analyse von Erfolgsfaktoren und der Auswirkungen der Transaktion auf das Geschäftsumfeld kann die AI helfen, die Effektivität der Transaktion zu bewerten. Gleichzeitig kann ChatGPT auch dazu beitragen, Best Practices für M&A-Prozesse zu identifizieren, um zukünftige Transaktionen noch erfolgreicher durchzuführen.

Literatur

Grund, T., et al., Unternehmensplanung im Zeitalter der Digitalisierung, 2020, https://doi.org/10.1007/978-3-658-29929-3
Kollmann, T., Digital Entrepreneurship, 2022, https://doi.org/10.1007/978-3-658-37260-6
Pertlwieser, M., Das Richtige digitalisieren, 2022, https://doi.org/10.1007/978-3-658-35447-3
Schallmo, D. R. A., et al. (Hrsg.), Digitalisierung, 2023, https://doi.org/10.1007/978-3-658-36634-6

Innenrevision und Internes Kontrollsystem 9

Um die Audioversion dieses Kapitels zu hören, klicken Sie auf den Link oder scannen Sie ihn mit der Springer Nature More Media App:
► sn.pub/kbeusm

9.1 Zusammenfassung

In diesem Kapitel wird die Anwendung von ChatGPT in der Innenrevision und im Internen Kontrollsystem (IKS) behandelt. Die Innenrevision dient als unabhängige und objektive Prüfungs- und Beratungseinheit, um dem Management eines Unternehmens bei der Zielerreichung zu helfen. Das IKS ist ein zentrales Element des Risikomanagements, das dazu beiträgt, die Risiken eines Unternehmens zu minimieren.

Die Rolle und Verantwortung der Innenrevision umfassen die Planung und Durchführung von Prüfungen, Identifikation und Lösungsfindung von Risiken, Berichterstattung an das Management und die Aufsichtsorgane sowie die Überwachung der Implementierung von risikomindernden Maßnahmen. Das IKS besteht aus fünf Komponenten: Kontrollumfeld, Risikobewertung, Kontrollaktivitäten, Information und Kommunikation und Überwachung. Die Gestaltung und Implementierung eines IKS erfordert eine Analyse der Risikolandschaft und die Festlegung von Kontrollaktivitäten. Die Innenrevision und das IKS arbeiten eng zusammen, um die Risiken des Unternehmens zu minimieren.

ChatGPT kann die Effizienz der Innenrevisionsarbeit erhöhen, indem es bei der Risikobewertung und -analyse unterstützt, Prozessanalyse und -optimierung vornimmt und die Kommunikation innerhalb der Innenrevision verbessert. Darüber hinaus kann ChatGPT

© Der/die Autor(en), exklusiv lizenziert an Springer Fachmedien Wiesbaden GmbH, ein Teil von Springer Nature 2025

T. Hüsch et al., *Einsatzmöglichkeiten von GPT in Finance, Compliance und Audit*,
https://doi.org/10.1007/978-3-658-49460-5_9

bei der Prüfungsplanung und -durchführung sowie bei der Berichterstattung und Dokumentation eingesetzt werden. Allerdings sind bei der Verwendung von ChatGPT ethische Fragen und Verantwortlichkeiten zu berücksichtigen, wie z. B. die transparente und faire Nutzung und eine reibungslose Zusammenarbeit zwischen menschlichen Revisoren und ChatGPT.

Die Automatisierung von Kontrollen durch ChatGPT bietet viele Vorteile wie erhöhte Effizienz, verbesserte Kontrolle und schnellere Risikoerkennung. Beispiele für seinen Einsatz sind die Überprüfung von Reisekostenabrechnungen oder Compliance-Richtlinien. Herausforderungen bei der Automatisierung von Kontrollen sind die Integration der Technologie in bestehende Kontrollsysteme, das Datenmanagement und die Anpassung der Prozesse.

Die Überwachung von Compliance-Regelungen durch ChatGPT kann die Compliance-Überwachung unterstützen. ChatGPT kann Compliance-Risiken identifizieren, eine Compliance-Kultur im Unternehmen fördern und bei der Erstellung von Compliance-Berichten oder der Durchführung von Compliance-Audits helfen. Risiken in Bezug auf Datenschutz und Datensicherheit müssen jedoch bei der Nutzung von ChatGPT in der Compliance-Überwachung beachtet werden.

Die Integration von ChatGPT in bestehende IKS erfordert klare Verantwortlichkeiten und Rollen, die Einbindung der Mitarbeiter, Schulung und Weiterbildung sowie Überwachung und kontinuierliche Verbesserung. Die Zusammenarbeit zwischen Innenrevision, IT-Abteilung und Management ist von großer Bedeutung für den Erfolg der Integration. Der Prozess sollte strategisch geplant sein und alle Aspekte der Integration berücksichtigen.

Insgesamt bietet ChatGPT in der Innenrevision und im IKS viele Einsatzmöglichkeiten, die die Effizienz und Wirksamkeit der Prüfungs- und Kontrollarbeit erhöhen können. Unternehmen müssen jedoch die Herausforderungen und Risiken bei der Implementierung von ChatGPT berücksichtigen und in ihre Planung einbeziehen.

9.2 Definition und Aufgaben der Innenrevision und des IKS

In diesem Kapitel wird der Einsatz von ChatGPT in der Innenrevision und im Internen Kontrollsystem (IKS) beschrieben. Die Innenrevision ist ein unabhängiges, objektives Prüfungs- und Beratungsorgan, das dem Management eines Unternehmens bei der Erreichung seiner Ziele helfen soll. Das IKS ist ein wesentliches Element des Risikomanagements, denn es soll sicherstellen, dass die Risiken eines Unternehmens so gering wie möglich gehalten werden.

Die Innenrevision ist eine unabhängige, objektive Funktion innerhalb eines Unternehmens, die für die Durchführung von Überwachungs- und Prüfungsaufgaben zuständig ist. Das Ziel der Innenrevision ist es, dem Management des Unternehmens bei der Erreichung seiner Ziele zu helfen.

Zu den Aufgaben der Innenrevision gehören unter anderem:

- Die Überwachung der Einhaltung von Gesetzen, Vorschriften und internen Richtlinien
- Die Prüfung der Effizienz und Effektivität von Geschäftsprozessen und Kontrollen
- Die Prüfung der Zuverlässigkeit der Finanz- und Managementinformationen
- Die Identifizierung von Risiken und die Entwicklung von Lösungsvorschlägen

Die Innenrevision unterliegt verschiedenen rechtlichen Grundlagen und Normen. So wird zum Beispiel in Deutschland die Innenrevision durch das Handelsgesetzbuch (HGB) geregelt. Darüber hinaus gibt es verschiedene internationale Standards, wie zum Beispiel die International Standards for the Professional Practice of Internal Auditing (ISPPIA) des Institute of Internal Auditors (IIA).

Zu den Aufgaben und Verantwortlichkeiten der Innenrevision gehören unter anderem:

- Die Planung und Durchführung von Prüfungen
- Die Identifikation von Risiken und die Entwicklung von Lösungsvorschlägen
- Die Berichterstattung an das Management und die Aufsichtsorgane
- Die Überwachung der Umsetzung von Maßnahmen zur Risikominderung

Das IKS ist ein wesentliches Element des Risikomanagements, denn es soll sicherstellen, dass die Risiken eines Unternehmens so gering wie möglich gehalten werden. Ein IKS besteht aus verschiedenen Komponenten, die sich gegenseitig ergänzen.

Zu diesen Komponenten gehören:

- Das Kontrollumfeld: Hierbei handelt es sich um eine Reihe von organisatorischen Rahmenbedingungen, die die Basis für ein effektives IKS bilden.
- Die Risikobewertung: Diese beinhaltet die Identifikation und Beurteilung der Risiken, denen das Unternehmen ausgesetzt ist.
- Die Kontrollaktivitäten: Hierbei handelt es sich um die Maßnahmen, die das Unternehmen ergreift, um die Risiken zu minimieren.
- Die Information und Kommunikation: Diese Komponente stellt sicher, dass die Mitarbeiter über die Risiken und die Maßnahmen zur Risikominderung informiert sind.
- Die Überwachung: Hierbei handelt es sich um die regelmäßige Prüfung des IKS, um dessen Funktionsfähigkeit sicherzustellen.

Bei der Gestaltung und Implementierung eines IKS ist es wichtig, dass das Unternehmen die Risikolandschaft berücksichtigt und die entsprechenden Kontrollaktivitäten festlegt. Dazu gehören unter anderem:

- Die Identifikation der Risiken
- Die Entwicklung von Kontrollaktivitäten, um die Risiken zu minimieren

- Die Festlegung der Verantwortlichkeiten für die einzelnen Kontrollaktivitäten
- Die Einbindung der Mitarbeiter in die Entwicklung und Umsetzung des IKS

Die Risikoanalyse ist ein wesentlicher Bestandteil des IKS, denn sie liefert die Grundlage für die Entwicklung der Kontrollaktivitäten. Bei der Risikoanalyse sollten folgende Punkte beachtet werden:

- Die Identifikation und Beurteilung der Risiken
- Die Ermittlung der Wahrscheinlichkeit des Eintritts und der möglichen Auswirkungen eines Risikos
- Die Gewichtung der Risiken, um die Prioritäten für die Entwicklung von Kontrollaktivitäten festzulegen

Die Innenrevision und die Verantwortlichen für das IKS arbeiten eng zusammen, denn beide Funktionen haben das Ziel, die Risiken des Unternehmens zu minimieren. Die Innenrevision kann das IKS bei der Risikoidentifikation und -beurteilung unterstützen und bei der Entwicklung von Kontrollaktivitäten beraten. Darüber hinaus kann die Innenrevision das IKS regelmäßig überprüfen, um dessen Funktionsfähigkeit sicherzustellen.

Die Innenrevision kann die Wirksamkeit des IKS bewerten, indem sie regelmäßig Prüfungen durchführt. Dabei werden die folgenden Punkte überprüft:

- Die Einhaltung der rechtlichen und organisatorischen Vorgaben
- Die Effektivität der Kontrollaktivitäten
- Die Funktionsfähigkeit der Kommunikation und Information
- Die regelmäßige Überwachung des IKS

Um eine effektive Zusammenarbeit zwischen Innenrevision und IKS zu gewährleisten, sollten folgende Best Practices beachtet werden:

- Die Innenrevision und die Verantwortlichen des IKS sollten regelmäßig Informationen austauschen und zusammenarbeiten.
- Die Innenrevision sollte das Unternehmen bei der Risikoidentifikation und -beurteilung für das IKS unterstützen und bei der Entwicklung von Kontrollaktivitäten beraten.
- Die Innenrevision sollte das IKS regelmäßig überprüfen, um dessen Funktionsfähigkeit sicherzustellen.
- Das Management sollte die Innenrevision und das IKS bei der Umsetzung ihrer Aufgaben unterstützen.

9.3 ChatGPT in der Revisionstätigkeit und im IKS

Die Einsatzmöglichkeiten von ChatGPT in der Innenrevision und im Internen Kontrollsystem sind vielfältig. In erster Linie kann die künstliche Intelligenz die Effizienz der Revisionsarbeit erhöhen, indem sie bestimmte Aufgaben übernimmt und somit die menschlichen Revisoren entlastet.

So kann ChatGPT zum Beispiel unterstützend bei der Risikobewertung und -analyse eingesetzt werden. Die künstliche Intelligenz kann große Datenmengen analysieren und aus Informationen aus unterschiedlichen Quellen zusammenführen. So können Risikofaktoren frühzeitig erkannt und bewertet werden.

ChatGPT kann auch bei der Prozessanalyse und -optimierung eingesetzt werden. Die künstliche Intelligenz kann beispielsweise automatisch Prozesse identifizieren, die ineffizient, fehleranfällig oder nicht mehr zeitgemäß sind. Diese Erkenntnisse können dann von den Revisoren genutzt werden, um diese Prozesse zu überarbeiten und zu verbessern.

Ein konkretes Beispiel für die Anwendung von ChatGPT im Bereich Prozessanalyse und -optimierung ist die Optimierung des Rechnungsprüfungsprozesses in einem Unternehmen. In vielen Organisationen ist der Rechnungsprüfungsprozess aufgrund von manuellen Eingaben und Kommunikation zwischen verschiedenen Abteilungen oft fehleranfällig und zeitaufwendig.

Mit ChatGPT kann dieser Prozess automatisiert und optimiert werden. Die künstliche Intelligenz kann eingehende Rechnungen in verschiedenen Formaten und aus unterschiedlichen Quellen erfassen und verarbeiten. Anschließend kann sie die Rechnungen auf Vollständigkeit, Richtigkeit und Übereinstimmung mit den vereinbarten Vertragsbedingungen prüfen. Dabei werden mögliche Diskrepanzen automatisch identifiziert und zur weiteren Bearbeitung an die zuständigen Abteilungen weitergeleitet.

Durch diese Automatisierung können Unternehmen den Rechnungsprüfungsprozess nicht nur beschleunigen, sondern auch mögliche Fehler und Betrugsversuche effektiver erkennen und bekämpfen. Darüber hinaus profitieren die Mitarbeiter von einer reduzierten Arbeitsbelastung und können sich auf höherwertige Tätigkeiten konzentrieren, während ChatGPT die routinemäßigen Aufgaben im Rechnungsprüfungsprozess übernimmt.

Zudem kann ChatGPT zur Verbesserung der Kommunikation innerhalb der Innenrevision beitragen. Die künstliche Intelligenz kann als Chat-Bot eingesetzt werden, der Fragen von Mitarbeitern beantwortet, Wissen vermittelt und in der Lage ist, über die Grenzen der Abteilung hinaus zu kommunizieren.

Darüber hinaus kann ChatGPT bei der Prüfungsplanung und -durchführung eingesetzt werden. So kann die künstliche Intelligenz zum Beispiel automatisiert Prüfungshandlungen ausführen, Prüfungsdaten auswerten und die Ergebnisse aufbereiten. Dadurch wird die Prüfungsarbeit effizienter und verlässlicher.

Ein konkretes Beispiel für den Einsatz von ChatGPT ist die Unterstützung bei der Überprüfung von Compliance-Richtlinien und deren Einhaltung innerhalb eines Unternehmens. Die interne Revision trägt dazu bei, die Effektivität von Geschäftsprozessen und die Einhaltung von Vorschriften sicherzustellen, um die Risiken zu minimieren und die Unternehmensleistung zu verbessern.

ChatGPT kann in diesem Zusammenhang als leistungsstarkes Instrument eingesetzt werden, um den internen Revisoren bei der Analyse und Bewertung von Compliance-Daten zu helfen. Die künstliche Intelligenz kann beispielsweise automatisch Transaktionen, Kommunikationsdaten und andere relevante Informationen analysieren, um festzustellen, ob die geltenden Compliance-Richtlinien eingehalten werden oder ob es Anzeichen von Unregelmäßigkeiten oder Fehlverhalten gibt.

Nehmen wir an, die interne Revision eines Unternehmens möchte die Einhaltung von Anti-Korruptionsrichtlinien überprüfen. ChatGPT kann dazu beitragen, indem es große Mengen an Daten durchsucht, um Muster oder Anomalien zu erkennen, die auf mögliche Verstöße gegen diese Richtlinien hindeuten könnten. Dazu könnte die KI Geschäftsbeziehungen, Zahlungsströme und Kommunikationen zwischen Mitarbeitern und externen Parteien untersuchen.

Nachdem die automatisierten Prüfungshandlungen abgeschlossen sind und die Prüfungsdaten ausgewertet wurden, kann ChatGPT die Ergebnisse in einem übersichtlichen und verständlichen Format präsentieren. Dies ermöglicht den internen Revisoren, rasch zu erkennen, welche Bereiche besonderer Aufmerksamkeit bedürfen oder wo möglicherweise weitere Untersuchungen erforderlich sind.

Durch die Verwendung von ChatGPT bei der Prüfungsplanung und -durchführung in der internen Revision können Unternehmen die Effizienz und Zuverlässigkeit ihrer Compliance-Überwachung erhöhen und gleichzeitig die Arbeitsbelastung der internen Revisoren reduzieren. Dies führt zu einer besseren Risikosteuerung und einer stärkeren Compliance-Kultur im gesamten Unternehmen.

Auch bei der Berichterstattung und Dokumentation kann ChatGPT unterstützend wirken. Die künstliche Intelligenz kann beispielsweise die Erstellung von Berichten automatisieren oder die Überwachung von Maßnahmen übernehmen. So können die Revisoren sich auf die inhaltliche Arbeit konzentrieren.

Beispiel Einsatz von ChatGPT in Revision und IKS

Stellen Sie sich beispielsweise vor, dass ein internes Revisionsprojekt zur Überprüfung der internen Kontrollsysteme eines Unternehmens durchgeführt wurde. ChatGPT kann die gewonnenen Daten und Erkenntnisse analysieren und auf dieser Grundlage einen aussagekräftigen Prüfungsbericht erstellen. Die KI kann die Ergebnisse der Prüfung, die festgestellten Schwachstellen sowie die empfohlenen Maßnahmen zur Verbesserung der Kontrollen strukturiert und verständlich präsentieren.

Zudem kann ChatGPT bei der Überwachung von Maßnahmen zur Behebung identifizierter Schwachstellen unterstützen. Beispielsweise kann die künstliche Intelligenz kontinuierlich den Fortschritt der umgesetzten Maßnahmen verfolgen und die Revisoren über deren Wirksamkeit informieren. So können die Revisoren den Erfolg der implementierten Veränderungen evaluieren und gegebenenfalls weitere Anpassungen vornehmen.

Neben den vielen Vorteilen, die ChatGPT für die Innenrevision und das interne Kontrollsystem bietet, müssen aber auch ethische Fragen und Verantwortung berücksichtigt werden. So muss sichergestellt werden, dass die künstliche Intelligenz transparent und fair eingesetzt wird. Zudem muss sichergestellt werden, dass die Zusammenarbeit zwischen menschlichen Revisoren und ChatGPT reibungslos funktioniert.

9.3.1 Automatisierung von Kontrollen durch ChatGPT

Die Automatisierung von Kontrollen durch den Einsatz von ChatGPT kann in vielerlei Hinsicht einen Mehrwert für Unternehmen darstellen. Durch den Einsatz von ChatGPT kann die Durchführung von Kontrollen automatisiert und dadurch effizienter gestaltet werden. Dabei kann die Software nicht nur die Kontrolle selbst durchführen, sondern auch die Ergebnisse der Kontrolle auswerten und interpretieren.

Überprüfung Reisekostenabrechnungen
Ein konkretes, praxisrelevantes Beispiel ist die Überprüfung von Reisekostenabrechnungen. In einem großen Unternehmen fallen häufig zahlreiche Reisekostenabrechnungen an, die auf ihre Richtigkeit und Übereinstimmung mit den internen Richtlinien überprüft werden müssen. ChatGPT kann hier eingesetzt werden, um die Abrechnungen automatisch zu kontrollieren, indem es beispielsweise Quittungen und Belege auf Plausibilität prüft, die Einhaltung von Spesenrichtlinien überwacht und die Berechnungen der Erstattungsbeträge validiert.

Die automatisierte Auswertung dieser Kontrollen ermöglicht es dem Unternehmen, mögliche Schwachstellen und Risiken frühzeitig zu erkennen. Beispielsweise könnten durch ChatGPT Unstimmigkeiten oder wiederkehrende Muster von Fehlern identifiziert werden, die auf potenzielle Betrugsversuche oder systematische Fehler in den Abrechnungsprozessen hindeuten. Durch die frühzeitige Erkennung solcher Probleme kann das Unternehmen entsprechende Maßnahmen ergreifen, um die internen Kontrollen zu verbessern und mögliche finanzielle Verluste zu minimieren.

Bei der automatisierten Kontrolle durch ChatGPT geht es in erster Linie um die Überprüfung von Transaktionen, Prozessen und IT-Systemen. Die Automatisierung der Kontrolle kann dabei auf unterschiedliche Weise erfolgen. Zum einen kann ChatGPT regelmäßig vorgegebene Prüfungen durchführen, wie zum Beispiel die Überwachung von internen Richtlinien und Verfahren. Zum anderen kann die Software auch gezielt eingesetzt werden, um Unregelmäßigkeiten und Fehler zu identifizieren. In beiden Fällen ist die Automatisierung durch ChatGPT dazu geeignet, die Effizienz und Effektivität der Kontrolle zu erhöhen.

Die Vorteile der Automatisierung von Kontrollen durch ChatGPT lassen sich insbesondere in Bezug auf Skalierbarkeit und Flexibilität erkennen. Durch die Automatisierung können Unternehmen ihre Kontrollen in einem größeren Maßstab durchführen. Dabei ermöglicht es die Software, die Kontrollen flexibel anzupassen und auf die individuellen Bedürfnisse des Unternehmens zuzuschneiden. Auf diese Weise können Unternehmen ihre Ressourcen effizienter einsetzen und die Qualität der Kontrollen erhöhen.

Neben den Vorteilen gibt es jedoch auch einige Herausforderungen, die bei der Automatisierung von Kontrollen durch ChatGPT berücksichtigt werden müssen. Eine der zentralen Herausforderungen ist die Integration von ChatGPT in bestehende Kontrollsysteme. Eine erfolgreiche Integration erfordert eine sorgfältige Planung und Abstimmung zwischen verschiedenen Abteilungen und Stakeholdern. Zudem müssen die technischen Voraussetzungen für den Einsatz von ChatGPT geschaffen werden. Eine weitere Herausforderung ist die Qualifizierung der Mitarbeiter für den Umgang mit der Software. Eine erfolgreiche Automatisierung erfordert ein grundlegendes Verständnis der Funktionsweise von ChatGPT und der Möglichkeiten, die die Software bietet.

9.3.2 Überwachung von Compliance-Regelungen durch ChatGPT

Die Überwachung gesetzlicher Vorschriften und Standards ist ein grundlegender Bestandteil der Compliance. ChatGPT bietet hierbei verschiedene Einsatzmöglichkeiten, um die Compliance-Überwachung zu unterstützen.

Zunächst kann ChatGPT dabei helfen, Compliance-Risiken zu identifizieren. Mithilfe von ChatGPT können Unternehmen systematisch Daten aus internen und externen Quellen analysieren, um mögliche Compliance-Risiken aufzuspüren. Diese Daten können beispielsweise aus internen Berichten, Protokollen, Beschwerden oder Verträgen stammen, aber auch aus externen Quellen wie Gesetzen, Vorschriften oder Standards. ChatGPT kann diese Daten in Echtzeit auswerten und auf mögliche Regelverstöße oder Risiken hinweisen.

Darüber hinaus kann ChatGPT dazu beitragen, eine Compliance-Kultur im Unternehmen zu etablieren. ChatGPT kann als „virtueller Compliance-Assistent" fungieren, der Mitarbeiter bei der Einhaltung von Vorschriften unterstützt. Dabei kann ChatGPT beispielsweise automatisch über neue oder geänderte Vorschriften informieren, Erinnerungen an Fristen versenden oder die Mitarbeiter auf bestimmte Verhaltensweisen hinweisen, die mit den Compliance-Regeln kollidieren könnten.

Auch bei der Erstellung von Compliance-Berichten kann ChatGPT unterstützend wirken. Durch die automatisierte Analyse und Auswertung von Daten kann ChatGPT dabei helfen, Compliance-Berichte schneller und genauer zu erstellen. Auf diese Weise wird die Transparenz erhöht und die Effizienz der Compliance-Überwachung gesteigert.

Eine weitere Möglichkeit, ChatGPT in der Compliance-Überwachung einzusetzen, besteht in der Überprüfung von Schulungen und Weiterbildungen. ChatGPT kann beispielsweise automatisch überprüfen, ob Mitarbeiter bestimmte Schulungen absolviert haben, oder kontrollieren, ob die Schulungsinhalte den aktuellen Vorschriften entsprechen.

Schließlich kann ChatGPT auch bei der Durchführung von Compliance-Audits eingesetzt werden. ChatGPT kann dabei helfen, relevante Daten zusammenzutragen, diese zu analysieren und schließlich einen Audit-Bericht zu erstellen. Durch diese Automatisierung wird der Aufwand für die Durchführung von Compliance-Audits reduziert und die Qualität der Ergebnisse erhöht.

Bei der Nutzung von ChatGPT in der Compliance-Überwachung sollten Unternehmen jedoch auch die Risiken in Bezug auf Datenschutz und Datensicherheit berücksichtigen. So muss sichergestellt werden, dass die Daten, die ChatGPT analysiert und verarbeitet, entsprechend geschützt werden und nicht in falsche Hände geraten.

9.3.3 Integration von ChatGPT in bestehende interne Kontrollsysteme

Die Integration von ChatGPT in bestehende interne Kontrollsysteme (IKS) ist eine Herausforderung, die mit vielen Vorteilen verbunden ist, aber auch einige Risiken mit sich bringt. Die Vorteile sind unter anderem die erhöhte Effizienz, die verbesserte Kontrolle und die Möglichkeit, Risiken schneller zu erkennen und gezielt zu adressieren. Die Risiken umfassen vor allem Datensicherheit und Datenschutz.

Eine der größten Herausforderungen bei der Integration von ChatGPT in ein IKS ist die Anpassung der bestehenden Prozesse an die neuen Technologien. Eine Möglichkeit ist die Schaffung von Schnittstellen zwischen den verschiedenen Prozessen, um einen reibungslosen Datenaustausch zu ermöglichen. Eine andere Option ist die Entwicklung von neuen Prozessen, die speziell auf die Nutzung von ChatGPT abgestimmt sind.

Ein weiterer wichtiger Aspekt ist das Datenmanagement. Dabei gilt es, die benötigten Daten in der richtigen Form und Qualität bereitzustellen, um die bestmöglichen Ergebnisse mit ChatGPT zu erzielen. Zudem müssen die Datensicherheit und der Datenschutz gewährleistet sein. Dazu gehören beispielsweise die Verschlüsselung der Daten und die Nutzung von sicheren Übertragungswegen.

Die erfolgreiche Integration von ChatGPT in ein IKS setzt eine Reihe von Best Practices voraus. Dazu zählen:

- Einbindung der Mitarbeiter: Die Mitarbeiter müssen von Beginn an in den Integrationsprozess eingebunden werden. Sie sind diejenigen, die die neuen Technologien nutzen und die Prozesse anpassen müssen. Durch ihre Beteiligung wird die Akzeptanz der neuen Technologien erhöht und mögliche Widerstände abgebaut.
- Klare Verantwortlichkeiten und Rollen: Die Verantwortlichkeiten und Rollen sollten von Anfang an klar definiert sein. Das erleichtert die Zusammenarbeit zwischen den verschiedenen Abteilungen und ermöglicht eine effiziente Steuerung des Integrationsprozesses.
- Schulung und Weiterbildung: Die Mitarbeiter müssen geschult und weitergebildet werden, um die neuen Technologien optimal nutzen zu können. Die Schulungen sollten sowohl die technischen Aspekte als auch die organisatorischen Veränderungen abdecken.
- Überwachung und kontinuierliche Verbesserung: Die Integration von ChatGPT in ein IKS sollte kontinuierlich überwacht und verbessert werden. Dabei ist es wichtig, die Leistungsfähigkeit der neuen Technologien regelmäßig zu messen und die Prozesse bei Bedarf anzupassen.

Die Zusammenarbeit zwischen der Innenrevision, der IT-Abteilung und dem Management ist bei der Integration von ChatGPT in ein IKS von großer Bedeutung. Die Innenrevision übernimmt dabei eine wichtige Kontroll- und Überwachungsfunktion, während die IT-Abteilung für die technische Umsetzung zuständig ist. Das Management muss die strategischen Entscheidungen treffen und die notwendigen Ressourcen bereitstellen.

Die Integration von ChatGPT in ein IKS ist ein langfristiger Prozess, der eine strategische Planung erfordert. Dabei sollten alle Aspekte der Integration berücksichtigt werden: von der Prozessgestaltung über das Datenmanagement bis hin zur Schulung der Mitarbeiter. Nur so kann die volle Leistungsfähigkeit von ChatGPT in einem IKS genutzt werden.

Literatur

Berwanger, J./Hahn, U., Interne Revision und Compliance, 2020, https://doi.org/10.1007/978-3-658-31807-9

Committee of Sponsoring Organizations of the Treadway Commission (COSO) (2017), Enterprise Risk Management – Aligning Risk with Strategy and Performance

Deutsches Handelsgesetzbuch (HGB), 2019

Hemmer, E., Künstliche Intelligenz in der Revisionsarbeit. In: Zeitschrift für Interne Revision, Nr. 3, S. 6–10, 2019

Institute of Internal Auditors (IIA), International Standards for the Professional Practice of Internal Auditing (2017), 2023, https://na.theiia.org/standards-guidance/mandatory-guidance/Pages/Standards.aspx

Müller, F., Quick Guide Digital Controlling, 2021, https://doi.org/https://doi.org/10.1007/978-3-658-35041-3

Rinker, C./Müller, P./Münker, F., Accounting Fraud, 2022, https://doi.org/https://doi.org/10.1007/978-3-658-36324-6

Sarbanes-Oxley Act (SOX), 2002

Schreiber, M., Automatisiertes Risikomanagement. In: Zeitschrift für Interne Revision, Nr. 2, S. 24–27, 2018

Risikomanagement 10

Um die Audioversion dieses Kapitels zu hören, klicken Sie auf den Link oder scannen Sie ihn mit der Springer Nature More Media App:
▶ sn.pub/4drqyc

10.1 Zusammenfassung

Risikomanagement ist ein wesentlicher Bestandteil der Unternehmensführung, welches sich mit der systematischen Identifikation, Bewertung und Behandlung von Risiken beschäftigt. Im Zentrum steht dabei die Minimierung von Schäden, Verbesserung der Entscheidungsfindung und Steigerung der Widerstandsfähigkeit gegen Risiken. Geschäftsführung, Controlling, Rechnungswesen, Revision, Compliance und Rechtsabteilung sind verantwortlich für die Durchführung des Risikomanagementprozesses.

Ein effektives Risikomanagementsystem umfasst die Identifikation und Erfassung von Risiken, Risikobewertung, Risikopriorisierung, Risikosteuerung, Risikokommunikation und Berichterstattung sowie kontinuierliche Verbesserung. Risiken können in Finanzielle Risiken, Operationelle Risiken, Rechtliche und regulatorische Risiken sowie Reputationsrisiken eingeteilt werden.

ChatGPT kann im Risikomanagement bei der Identifikation, Bewertung und Steuerung von Risiken eingesetzt werden. Seine Fähigkeit, große Datenmengen zu analysieren, ermöglicht die Erkennung von potenziellen Risiken, die sonst schwer erkennbar wären. ChatGPT kann unter anderem zur Risikoidentifikation, -bewertung und -priorisierung sowie Risikominderungsstrategien verwendet werden. Die Integration von ChatGPT in

© Der/die Autor(en), exklusiv lizenziert an Springer Fachmedien Wiesbaden GmbH, ein Teil von Springer Nature 2025

T. Hüsch et al., *Einsatzmöglichkeiten von GPT in Finance, Compliance und Audit*,
https://doi.org/10.1007/978-3-658-49460-5_10

bestehende Risikomanagement-Software und -Tools gewährleistet eine effektive Kommunikation und Zusammenarbeit.

Der Einsatz von ChatGPT im Risikomanagement ist vielversprechend, allerdings müssen Datenschutz und Sicherheitsaspekte sorgfältig berücksichtigt werden. Zur Anpassung von ChatGPT an branchenspezifische und unternehmensspezifische Anforderungen sollten relevante Daten gesammelt und analysiert sowie bestehende Prozesse überprüft werden.

Ein konkretes Beispiel für den Einsatz von ChatGPT im Risikomanagement ist die Identifizierung und Bewertung von Kreditrisiken in einem Finanzinstitut. ChatGPT kann große Mengen an Kreditnehmerdaten analysieren und einen Algorithmus für die Wahrscheinlichkeit von Kreditausfällen entwickeln, der Entscheidungsträger unterstützt.

Die Integration von ChatGPT in bestehende Risikomanagement-Systeme erfordert eine entsprechende Schnittstelle, klare Definition der Verantwortlichkeiten und Anpassung an gesetzliche und regulatorische Anforderungen. Durch kontinuierliches Lernen und Anpassung verbessert ChatGPT seine Fähigkeiten zur Risikoidentifikation und trägt so zur Optimierung des gesamten Risikomanagement-Systems bei.

Zusammenfassend bietet ChatGPT ein leistungsstarkes und vielseitiges Instrument für das Risikomanagement, das zur Identifikation, Bewertung und Steuerung von Risiken beitragen kann. Datenschutz und Sicherheitsaspekte müssen jedoch sorgfältig berücksichtigt werden, um die Vorteile von ChatGPT im Risikomanagement vollständig auszuschöpfen. Unternehmen sollten die Entwicklungen im Bereich KI und Risikomanagement kontinuierlich beobachten und evaluieren, um sicherzustellen, dass sie die bestmöglichen Technologien und Strategien einsetzen.

10.2 Definition und Aufgaben eines Risikomanagementsystems

Risikomanagement ist ein Prozess, bei dem Unternehmen systematisch Risiken identifizieren, bewerten und behandeln, um negative Auswirkungen auf ihre Geschäftstätigkeit zu minimieren. Dabei werden sowohl interne als auch externe Risiken berücksichtigt. Risikomanagementsysteme sind eine wesentliche Komponente eines effektiven internen Kontrollsystems.

Die Ziele eines Risikomanagementsystems sind vielfältig. Wesentliche Ziele sind die Minimierung von Schäden, die Verbesserung der Entscheidungsfindung und die Erhöhung der Widerstandsfähigkeit gegen Risiken. Die Vorteile eines effektiven Risikomanagementsystems liegen auf der Hand: Unternehmen können Risiken rechtzeitig erkennen, systematisch bewerten und angemessen behandeln. Dadurch können sie ihre Geschäftstätigkeit besser steuern und sich vor möglichen Schäden schützen.

Die Verantwortung für das Risikomanagement eines Unternehmens liegt in erster Linie bei der Geschäftsführung. Aber auch andere Funktionen im Unternehmen spielen eine wichtige Rolle. Insbesondere die Bereiche Controlling, Rechnungswesen, Revision, Compliance und Rechtsabteilung sind hier zu nennen. Es ist wichtig, dass alle Beteiligten ihre Rollen und Verantwortlichkeiten kennen, um ein effektives Risikomanagement zu gewährleisten.

Der Risikomanagementprozess beinhaltet im Wesentlichen folgende Schritte

- Identifikation und Erfassung von Risiken: Zunächst müssen die Risiken ermittelt und dokumentiert werden. Dabei werden sowohl interne als auch externe Risiken berücksichtigt.
- Risikobewertung: Die Risiken werden bewertet, um ihre möglichen Auswirkungen auf das Unternehmen einzuschätzen. Dabei werden sowohl die Eintrittswahrscheinlichkeit als auch die potenzielle Schadenshöhe berücksichtigt.
- Risikopriorisierung: Die identifizierten Risiken werden nach ihrer Bedeutung für das Unternehmen priorisiert. Dabei werden Risiken mit hoher Eintrittswahrscheinlichkeit und/oder hohem Schadenspotenzial vorrangig behandelt.
- Risikosteuerung: Auf Basis der Risikopriorisierung werden passende Maßnahmen zur Risikominimierung oder -vermeidung ergriffen. Diese können z. B. in der Anpassung von Prozessen, der Einführung von Kontrollen oder der Versicherung gegen Risiken bestehen.
- Risikokommunikation und Berichterstattung: Die Risikoinformationen müssen innerhalb des Unternehmens kommuniziert und regelmäßig berichtet werden, um eine adäquate Steuerung und Überwachung der Risiken sicherzustellen.
- Kontinuierliche Verbesserung: Das Risikomanagementsystem sollte regelmäßig überprüft und angepasst werden, um seine Wirksamkeit und Effizienz weiter zu verbessern.

Risiken lassen sich in unterschiedliche Kategorien einteilen, die für Finanzabteilungen von Bedeutung sein können. Zu den wichtigsten Risikokategorien zählen:

Finanzielle Risiken: Diese Risiken beziehen sich auf mögliche Verluste durch ungünstige Marktentwicklungen oder Fehlentscheidungen im Finanzmanagement. Beispiele hierfür sind Zins- und Währungsrisiken, Kreditrisiken oder Liquiditätsrisiken.

Operationelle Risiken: Diese Risiken beziehen sich auf mögliche Verluste durch Fehler oder Störungen in Geschäftsprozessen oder Systemen. Dazu zählen beispielsweise Produktionsausfälle, IT-Ausfälle oder Betrugsfälle.

Rechtliche und regulatorische Risiken: Diese Risiken beziehen sich auf mögliche Verluste durch rechtliche oder regulatorische Anforderungen, die nicht erfüllt werden. Beispiele hierfür sind Compliance-Verstöße, Bußgelder oder Rechtsstreitigkeiten.

Reputationsrisiken: Diese Risiken beziehen sich auf mögliche Verluste durch eine negative öffentliche Wahrnehmung des Unternehmens. Beispiele hierfür sind negative Presseberichte, Boykottaufrufe oder Kundenverluste.

Risikomanagementsysteme werden in vielen Ländern durch rechtliche oder regulatorische Anforderungen vorgeschrieben. Diese Anforderungen variieren je nach Land und Branche. Ein Beispiel hierfür sind die Anforderungen der Europäischen Union (EU) an Banken, die ein Risikomanagementsystem nach Maßgabe der Capital Requirements Regulation (CRR) aufbauen und betreiben müssen. Darüber hinaus gibt es zahlreiche Standards und Leitfäden, die Unternehmen bei der Einführung eines Risikomanagementsystems unterstützen können. Zu nennen sind hier beispielsweise die ISO 31000 oder der COSO Enterprise Risk Management (ERM) Framework.

10.3 ChatGPT im Risikomanagementsystem

Ein effektives Risikomanagementsystem ist für Unternehmen von entscheidender Bedeutung, um potenzielle Gefahren zu erkennen, zu bewerten und zu steuern. Im Folgenden wird erläutert, wie ChatGPT zur Verbesserung des Risikomanagements eingesetzt werden kann und welche Möglichkeiten und Grenzen bei der Nutzung von ChatGPT bestehen.

Der Einsatz von ChatGPT zur Unterstützung bei der Risikoidentifikation ist ein vielversprechender Ansatz. Durch die Analyse großer Datenmengen kann die KI potenzielle Risiken aufdecken, die für menschliche Analysten möglicherweise schwer zu erkennen sind. Darüber hinaus kann ChatGPT in der Lage sein, aufkommende Risikotrends frühzeitig zu identifizieren, was eine proaktive Steuerung ermöglicht.

Die Anwendung von ChatGPT zur Risikobewertung und -priorisierung kann ebenfalls einen erheblichen Mehrwert bieten. ChatGPT kann umfangreiche Informationen aus verschiedenen Quellen verarbeiten, um Risiken nach ihrem Schadenspotenzial und ihrer Eintrittswahrscheinlichkeit zu bewerten. Die KI-gestützte Risikobewertung ermöglicht es, die Ressourcen effizienter auf die wichtigsten Risiken zu konzentrieren und hilft Unternehmen, informierte Entscheidungen zu treffen.

Die Nutzung von ChatGPT für die Entwicklung von Risikominderungsstrategien kann dazu beitragen, die Effektivität der Maßnahmen zur Risikosteuerung zu erhöhen. ChatGPT kann verschiedene Szenarien simulieren und die Auswirkungen unterschiedlicher Strategien analysieren, um optimale Lösungen zur Risikominderung zu identifizieren. Die Fähigkeit, komplexe Zusammenhänge zu erkennen und zu verarbeiten, ermöglicht es ChatGPT, innovative und effektive Strategien vorzuschlagen.

Die Integration von ChatGPT in bestehende Risikomanagement-Software und -Tools kann einen nahtlosen Informationsfluss und eine effektive Kommunikation zwischen den verschiedenen Anwendungen sicherstellen. Dies ermöglicht eine bessere Zusammenarbeit zwischen den verschiedenen Abteilungen und Funktionen, die am Risikomanagement beteiligt sind, und sorgt für eine umfassendere Sicht auf das Risikoprofil des Unternehmens.

In Bezug auf die Risikokommunikation und -berichterstattung kann ChatGPT dazu beitragen, die Transparenz und Genauigkeit der Informationen zu erhöhen. Die KI-gestützte Analyse und Aufbereitung von Risikodaten ermöglichen eine klare und präzise Darstellung der Risikosituation des Unternehmens, was letztendlich zu einer besseren Entscheidungsfindung führt.

ChatGPT kann auch in der kontinuierlichen Überwachung und Aktualisierung von Risikoprofilen eingesetzt werden. Durch die ständige Analyse von Daten und die Identifikation neuer oder veränderter Risiken kann ChatGPT sicherstellen, dass das Risikomanagement immer auf dem neuesten Stand ist und mögliche Gefahren frühzeitig erkannt werden.

Um ChatGPT an branchenspezifische und unternehmensspezifische Risikomanagement-Anforderungen anzupassen, kann die KI auf firmeninterne und branchenspezifische Datenbanken, Richtlinien und Prozesse abgestimmt werden. Durch die Anpassung der KI an die spezifischen Gegebenheiten eines Unternehmens oder einer Branche können maßgeschneiderte Lösungen entwickelt werden, die auf die individuellen Bedürfnisse und Herausforderungen zugeschnitten sind.

Datenschutz und Sicherheitsaspekte sind bei der Verwendung von ChatGPT im Risikomanagement von großer Bedeutung. Die KI sollte so konfiguriert sein, dass sie sensible Daten schützt und gesetzliche Datenschutzbestimmungen einhält. Unternehmen sollten sicherstellen, dass angemessene Sicherheitsvorkehrungen getroffen werden, um die Integrität der Daten und der KI-gestützten Prozesse zu gewährleisten.

In Bezug auf die Zukunftsperspektiven von ChatGPT im Risikomanagement besteht ein großes Potenzial für die Weiterentwicklung und Verbesserung der KI-Technologie. Fortschritte in der KI-Forschung und -Entwicklung könnten dazu führen, dass ChatGPT noch leistungsfähiger und genauer wird, was zu einer weiteren Verbesserung der Risikomanagementprozesse führen kann. Unternehmen sollten die Entwicklungen im Bereich KI und Risikomanagement kontinuierlich beobachten und evaluieren, um sicherzustellen, dass sie die bestmöglichen Technologien und Strategien einsetzen.

Insgesamt bietet ChatGPT im Risikomanagementsystem viele Vorteile. Die KI kann bei der Identifikation, Bewertung und Steuerung von Risiken unterstützen und dazu beitragen, effektive und innovative Risikominderungsstrategien zu entwickeln. Durch die Integration von ChatGPT in bestehende Systeme und Tools kann ein nahtloser Informationsfluss und eine verbesserte Zusammenarbeit zwischen den verschiedenen Funktionen erreicht werden. Datenschutz und Sicherheitsaspekte müssen jedoch sorgfältig berücksichtigt werden, um sicherzustellen, dass die Vorteile von ChatGPT im Risikomanagement vollständig ausgeschöpft werden können.

Beispiel Einsatz von ChatGPT zur Identifikation von Kreditrisiken

Ein konkretes Beispiel für den Einsatz von ChatGPT im Risikomanagement ist die Unterstützung bei der Identifikation und Bewertung von Kreditrisiken in einem

Finanzinstitut. Angenommen, ein Kreditinstitut möchte seine Kreditrisikobewertungsmethoden verbessern, um mögliche Ausfälle besser vorherzusagen und das Gesamtrisiko des Kreditportfolios zu minimieren.

ChatGPT kann in diesem Fall große Mengen an Kreditnehmerdaten analysieren, einschließlich historischer Zahlungsverläufe, Bonitätsinformationen und wirtschaftlicher Kennzahlen. Die KI kann Muster und Zusammenhänge erkennen, die für menschliche Analysten möglicherweise nicht offensichtlich sind. Basierend auf dieser Analyse kann ChatGPT einen Algorithmus entwickeln, der die Wahrscheinlichkeit von Kreditausfällen für verschiedene Kreditnehmerprofile besser einschätzt.

Mit den Erkenntnissen von ChatGPT kann das Finanzinstitut dann gezielte Risikominderungsstrategien entwickeln. Beispielsweise kann das Institut risikobasierte Zinssätze einführen, um das Kreditrisiko besser abzubilden, oder strenge Überwachungsmaßnahmen für risikoreichere Kreditnehmer implementieren.

Bei der Nutzung von ChatGPT müssen jedoch Datenschutz und Sicherheitsaspekte sorgfältig berücksichtigt werden, um sicherzustellen, dass die Vorteile im Risikomanagement vollständig ausgeschöpft werden können, ohne die Privatsphäre der Kreditnehmer oder die Integrität der Geschäftsprozesse zu beeinträchtigen.

10.3.1 Einsatz von ChatGPT zur Risikoidentifikation

Die Verwendung von ChatGPT zur Risikoidentifikation und -analyse kann in verschiedenen Bereichen eingesetzt werden. Ein häufiger Ansatz ist die Analyse von Text- und Datenquellen, um Risikofaktoren oder mögliche Gefahren zu identifizieren. Dabei kann sich ChatGPT auf die Mustererkennung und Korrelationsanalysen stützen, um Risikomuster zu identifizieren.

Um ChatGPT für die Risikoidentifikation effektiv einzusetzen, muss es an branchenspezifische und unternehmensspezifische Risikokriterien angepasst werden. So kann sichergestellt werden, dass ChatGPT relevante Informationen aus den Daten extrahiert und die Risikodarstellung für die jeweilige Branche oder das jeweilige Unternehmen optimiert wird.

Um ChatGPT an branchenspezifische und unternehmensspezifische Risikokriterien anzupassen, sollten Sie die folgenden Schritte durchführen

1. Sammeln Sie relevante Daten: Stellen Sie sicher, dass Sie über ausreichend branchenspezifische und unternehmensspezifische Daten verfügen. Diese Daten

sollten verschiedene Risikofaktoren, historische Ereignisse, Marktbedingungen und unternehmensinterne Informationen enthalten.

2. Datenbereinigung und -aufbereitung: Bereiten Sie die gesammelten Daten auf, indem Sie sie säubern, Duplikate entfernen, fehlende Werte behandeln und die Daten in ein für ChatGPT geeignetes Format bringen. Dieser Schritt ist entscheidend, um die Qualität der Analysen zu gewährleisten.
3. Trainieren Sie ChatGPT auf den spezifischen Daten: Passen Sie ChatGPT an, indem Sie das Modell auf den bereinigten und aufbereiteten branchenspezifischen und unternehmensspezifischen Daten trainieren. Durch das Training lernt ChatGPT, Muster und Zusammenhänge in den Daten zu erkennen, die für die Risikoidentifikation und -bewertung relevant sind.
4. Validierung und Optimierung: Überprüfen Sie die Leistung von ChatGPT, indem Sie es auf Testdaten anwenden, die nicht im Training verwendet wurden. Untersuchen Sie die Genauigkeit der Risikoidentifikation und -bewertung, und optimieren Sie das Modell gegebenenfalls weiter, indem Sie die Modellparameter anpassen oder mehr Trainingsdaten hinzufügen.
5. Integration in bestehende Systeme: Integrieren Sie ChatGPT in Ihre bestehenden Risikomanagementsysteme und Tools, damit es nahtlos mit Ihren aktuellen Prozessen zusammenarbeitet. Stellen Sie sicher, dass die Kommunikation zwischen ChatGPT und Ihren Systemen sicher und datenschutzkonform ist.
6. Laufende Überwachung und Aktualisierung: Überwachen Sie die Leistung von ChatGPT kontinuierlich, um sicherzustellen, dass es weiterhin effektiv und präzise arbeitet. Aktualisieren Sie das Modell regelmäßig mit neuen Daten, um seine Fähigkeit zur Risikoidentifikation und -bewertung kontinuierlich zu verbessern und auf dem neuesten Stand zu halten.

Durch die Anpassung von ChatGPT an Ihre branchenspezifischen und unternehmensspezifischen Risikokriterien stellen Sie sicher, dass das Modell relevante Informationen aus den Daten extrahiert und die Risikodarstellung für Ihre Branche oder Ihr Unternehmen optimiert wird.

Durch die Nutzung von ChatGPT für die Risikoidentifikation ist es außerdem möglich, Risiken in Echtzeit zu identifizieren und zu analysieren. Die konstante Aktualisierung von Daten ermöglicht es, neu auftretende Risiken schnellstmöglich zu erkennen und einzugrenzen.

Die Wirksamkeit von ChatGPT für die Risikoidentifikation kann durch kontinuierliches Lernen und Anpassung verbessert werden. Je mehr Daten ChatGPT für die Analyse zur Verfügung stehen, desto effektiver wird es bei der Identifizierung von Risikomustern.

Die Integration von ChatGPT in Unternehmensprozesse kann eine proaktive Risikoidentifikation ermöglichen. Durch die Nutzung von ChatGPT für die Erkennung von

Risikomustern können Entscheidungsträger frühzeitig über potenzielle Risiken informiert werden, bevor diese eskalieren.

Ein weiteres Einsatzgebiet für ChatGPT im Risikomanagement ist die Identifizierung von aufkommenden Risiken durch Sentiment-Analyse und Textmining. Durch die Analyse von Texten und Nachrichten kann ChatGPT helfen, potenzielle Risikofaktoren und -trends zu identifizieren, die sich noch nicht in den Daten widerspiegeln.

Beispiel Einsatz von ChatGPT in Sentiment-Analyse und Textmining

Ein konkretes Beispiel für die Anwendung von ChatGPT im Risikomanagement durch Sentiment-Analyse und Textmining wäre die Identifizierung von aufkommenden Risiken im Bereich Cybersecurity für ein Unternehmen, das im Finanzsektor tätig ist. Angenommen, in den letzten Monaten gab es eine steigende Anzahl von Cyberangriffen auf Finanzinstitute, insbesondere durch Phishing-Angriffe.

Um potenzielle Risiken und Trends zu identifizieren, könnte ChatGPT folgendermaßen vorgehen:

1. **Datensammlung:** ChatGPT sammelt relevante Textdaten aus verschiedenen Quellen wie Nachrichtenartikeln, Finanznachrichten, Blogs, sozialen Medien und Online-Foren, die sich auf Cyberangriffe und Cybersecurity im Finanzsektor beziehen.
2. **Textmining:** ChatGPT verwendet Textmining-Techniken, um die gesammelten Textdaten zu analysieren und wichtige Informationen wie Häufigkeit, Art und Schwere der Cyberangriffe sowie mögliche Schwachstellen und Angriffsvektoren zu extrahieren.
3. **Sentiment-Analyse:** ChatGPT führt eine Sentiment-Analyse durch, um die Stimmung und Meinungen in den gesammelten Texten zu bewerten. Dies kann Aufschluss darüber geben, wie besorgt oder alarmiert die Öffentlichkeit und Experten über diese aufkommenden Risiken sind.
4. **Identifizierung von Risikotrends:** Basierend auf den Ergebnissen der Textmining- und Sentiment-Analyse identifiziert ChatGPT mögliche Risikotrends, wie zum Beispiel eine Zunahme von Phishing-Angriffen, die auf bestimmte Finanzinstitute abzielen oder eine erhöhte Anfälligkeit für Angriffe aufgrund von Schwachstellen in den IT-Systemen der Unternehmen.
5. **Risikobewertung:** ChatGPT bewertet die identifizierten Risiken hinsichtlich ihrer potenziellen Auswirkungen auf das Unternehmen und seiner Wahrscheinlichkeit, um eine fundierte Entscheidungsgrundlage für das Risikomanagement bereitzustellen.
6. **Berichterstattung:** Schließlich erstellt ChatGPT einen Bericht, der die aufkommenden Risiken, die identifizierten Trends und die Ergebnisse der Sentiment-Analyse zusammenfasst. Dieser Bericht kann dem Risikomanagement-Team des

Unternehmens vorgelegt werden, um proaktive Maßnahmen zur Minderung der identifizierten Risiken zu ergreifen.

Durch die Nutzung von ChatGPT zur Identifizierung von aufkommenden Risiken im Risikomanagement kann das Unternehmen frühzeitig Warnsignale erkennen und geeignete Maßnahmen ergreifen, um potenzielle Schäden zu vermeiden oder zu reduzieren.

Des Weiteren kann ChatGPT für die Erkennung von Risiken durch die Analyse von Finanzdaten und Markttrends eingesetzt werden. Durch die Analyse dieser Daten kann ChatGPT helfen, Risiken zu erkennen, die sich aus ökonomischen Entwicklungen oder Marktveränderungen ergeben.

ChatGPT kann auch für die Identifikation von Cyber-Risiken und Sicherheitslücken eingesetzt werden. Durch die Analyse von System- und Netzwerkdaten können potenzielle Schwachstellen oder Angriffsvektoren erkannt und entsprechende Gegenmaßnahmen eingeleitet werden.

Zuletzt kann ChatGPT auch für die Identifikation von Risiken in Lieferketten und Produktionsprozessen eingesetzt werden. Durch die Analyse von Daten aus diesen Prozessen kann ChatGPT helfen, potenzielle Schwachstellen oder Risikofaktoren zu identifizieren und entsprechende Maßnahmen zur Risikominimierung einzuleiten.

10.3.2 Integration von ChatGPT in bestehende Risikomanagement-Systeme

Die Einbindung von ChatGPT in bestehende Risikomanagement-Systeme ist eine wesentliche Voraussetzung, um die Vorteile von ChatGPT auch in diesem Bereich nutzen zu können. Dabei sind sowohl technische als auch prozessuale Aspekte zu berücksichtigen.

Zunächst ist eine entsprechende Schnittstelle zwischen ChatGPT und dem Risikomanagement-System notwendig, um eine reibungslose Integration zu ermöglichen. Die hierfür erforderlichen technischen Voraussetzungen sollten in einem ersten Schritt geklärt und dann entsprechend umgesetzt werden. In der Regel werden hierfür die bereitgestellten APIs von ChatGPT genutzt.

Für die Anpassung von ChatGPT an bestehende Risikomanagement-Verfahren und -Richtlinien ist es wichtig, diese genau zu analysieren und die entsprechenden Anforderungen an ChatGPT zu definieren. Hierbei sollten insbesondere bestehende Risiko-Identifikationsmethoden und -bewertungsverfahren berücksichtigt werden, damit diese in die Arbeit mit ChatGPT integriert werden können.

Um die Zusammenarbeit zwischen ChatGPT und vorhandenen Risikomanagement-Tools und -Lösungen zu ermöglichen, ist es zudem wichtig, die verschiedenen Schnittstellen zu definieren und ein entsprechendes Daten- und Informationsmanagement aufzusetzen. Dies ermöglicht eine einheitliche und effiziente Nutzung der verschiedenen Tools, was dazu beiträgt, dass Risikomanagement-Entscheidungen effektiver getroffen werden können.

Die Integration von ChatGPT in bestehende Risikomanagement-Systeme kann durch verschiedene Beispiele veranschaulicht werden. So kann ChatGPT beispielsweise bei der Identifikation von Risiken helfen, indem es Daten aus verschiedenen Quellen zusammenführt und so eine ganzheitliche Sicht auf potenzielle Risiken ermöglicht. Zudem kann ChatGPT bei der Bewertung von Risiken unterstützen, indem es beispielsweise komplexe Berechnungen übernimmt oder die Einordnung von Risiken in verschiedene Kategorien erleichtert. Ein weiteres Beispiel ist die Nutzung von ChatGPT für das Risikomonitoring, etwa indem es Risikoindikatoren automatisch überwacht und etwaige Abweichungen meldet.

Bei der Integration von ChatGPT in bestehende Risikomanagement-Systeme ist es zudem wichtig, die Aspekte Datenschutz und Datensicherheit zu berücksichtigen. Hierbei ist insbesondere darauf zu achten, dass die Verarbeitung und Speicherung von Daten in Übereinstimmung mit den geltenden gesetzlichen Vorgaben erfolgt. Zudem sollte sichergestellt werden, dass die Datenübertragung zwischen ChatGPT und dem Risikomanagement-System sicher erfolgt.

Die Skalierung von Risikomanagement-Systemen durch den Einsatz von ChatGPT in hybriden Umgebungen ist eine weitere Möglichkeit, um die Vorteile von ChatGPT in diesem Bereich zu nutzen. So kann ChatGPT beispielsweise in Kombination mit anderen Tools eingesetzt werden, um die Leistungsfähigkeit des Risikomanagement-Systems zu erhöhen. Dabei können die verschiedenen Tools z. B. für unterschiedliche Risikobereiche genutzt werden, um eine umfassende Abdeckung sicherzustellen.

Die Anpassung von ChatGPT zur Integration in branchenspezifische Risikomanagement-Systeme ist ebenfalls ein wichtiger Aspekt. Hierbei sollten die Anforderungen und Besonderheiten der jeweiligen Branche berücksichtigt werden, um die Nutzung von ChatGPT optimal auf die spezifischen Gegebenheiten auszurichten.

Die Einführung von ChatGPT in Risikomanagement-Systeme zur Ergänzung menschlicher Expertise ist eine weitere Möglichkeit, um die Vorteile von ChatGPT in diesem Bereich zu nutzen. Dabei kann ChatGPT beispielsweise für die Durchführung von Routineaufgaben genutzt werden, um menschliche Experten zu entlasten. Zudem kann ChatGPT helfen, menschliche Entscheidungsprozesse zu unterstützen, indem es beispielsweise Entscheidungsvorschläge unterbreitet oder Informationen für Entscheidungen aufbereitet.

Die Bewertung der Effektivität der ChatGPT-Integration im Risikomanagement-System ist ein weiterer wichtiger Aspekt. Hierbei sollte die Leistungsfähigkeit von ChatGPT regelmäßig überprüft und mit den Erwartungen und Zielvorgaben abgeglichen werden.

Auf diese Weise ist es möglich, die Nutzung von ChatGPT kontinuierlich anzupassen und zu optimieren.

10.3.3 ChatGPT-basiertes Risikomanagement-System

Die Verwendung von ChatGPT zur Analyse von Text- und Datenquellen für Risikofaktoren ermöglicht es, eine Vielzahl von Informationen zu verarbeiten und Risiken effektiv zu identifizieren. Durch Mustererkennung und Korrelationsanalysen lassen sich Risiken aufdecken, die möglicherweise nicht sofort offensichtlich sind. Dabei kann ChatGPT an branchenspezifische und unternehmensspezifische Risikokriterien angepasst werden, um ein maßgeschneidertes Risikomanagement-System zu entwickeln.

Ein wesentlicher Aspekt bei der Identifikation von Risiken ist die Fähigkeit, diese in Echtzeit zu erkennen. ChatGPT kann dabei helfen, indem es kontinuierlich Datenquellen überwacht und sofort auf potenzielle Risiken aufmerksam macht. Durch kontinuierliches Lernen und Anpassung verbessert ChatGPT seine Fähigkeiten zur Risikoidentifikation und wird so zu einem immer wertvolleren Werkzeug im Risikomanagement.

Die Integration von ChatGPT in Unternehmensprozesse zur proaktiven Risikoidentifikation ermöglicht es, aufkommende Risiken frühzeitig zu erkennen und entsprechende Gegenmaßnahmen zu ergreifen. Insbesondere die Anwendung von Sentiment-Analyse und Textmining hilft dabei, Stimmungen und Meinungen in relevanten Textquellen zu erfassen, um mögliche Risiken abzuleiten.

Eine weitere wichtige Anwendung von ChatGPT im Risikomanagement ist die Analyse von Finanzdaten und Markttrends. Durch die Identifikation von Mustern und Zusammenhängen in diesen Datenquellen lassen sich Risiken erkennen, die möglicherweise nicht sofort offensichtlich sind. Dabei ist es wichtig, dass ChatGPT kontinuierlich aktualisierte Daten erhält, um stets auf dem neuesten Stand zu sein.

Die Identifikation von Cyber-Risiken und Sicherheitslücken ist ein weiteres Anwendungsgebiet von ChatGPT. Durch die Analyse von Netzwerkverkehr, Systemprotokollen und anderen relevanten Datenquellen kann ChatGPT potenzielle Schwachstellen und Bedrohungen erkennen und somit zur Verbesserung der IT-Sicherheit beitragen.

Ein weiterer wichtiger Anwendungsbereich von ChatGPT im Risikomanagement ist die Identifikation von Risiken in Lieferketten und Produktionsprozessen. ChatGPT kann dazu beitragen, Engpässe, Qualitätsprobleme und andere Störungen frühzeitig zu erkennen, indem es eine Vielzahl von Datenquellen analysiert und mögliche Probleme identifiziert. Durch die kontinuierliche Überwachung dieser Prozesse kann ChatGPT dazu beitragen, Ausfälle zu minimieren und die Effizienz zu steigern.

Insgesamt bietet ChatGPT ein vielseitiges und leistungsfähiges Werkzeug zur Identifikation von Risiken in verschiedenen Bereichen eines Unternehmens. Durch die Anpassung an unternehmensspezifische Anforderungen und die Integration in bestehende Prozesse kann ChatGPT dazu beitragen, ein umfassendes und effektives Risikomanagement-System aufzubauen. Die fortlaufende Anpassung und Verbesserung von ChatGPT ermöglicht es, auch auf sich verändernde Risikoumgebungen und neue Bedrohungen schnell und effizient zu reagieren.

Zudem können Organisationen die Fähigkeiten von ChatGPT nutzen, um neue Risiken aufzudecken, die möglicherweise von herkömmlichen Risikomanagement-Systemen übersehen werden. Beispielsweise kann ChatGPT unstrukturierte Daten wie E-Mails, Social-Media-Beiträge und Nachrichtenartikel analysieren, um Hinweise auf potenzielle Risiken oder Bedrohungen zu erkennen, die sonst möglicherweise unbemerkt geblieben wären.

Die Kombination von ChatGPT mit anderen Analyse- und Vorhersagetechniken kann zudem dazu beitragen, ein umfassenderes Bild der Risikolandschaft zu erstellen und es Führungskräften ermöglichen, besser informierte Entscheidungen zu treffen. Die Nutzung von ChatGPT in Kombination mit traditionellen Risikomanagement-Methoden und -Tools ermöglicht es, die Vorteile beider Ansätze zu nutzen und die Effektivität des gesamten Risikomanagement-Systems zu steigern.

Ein weiterer Vorteil von ChatGPT im Risikomanagement ist seine Fähigkeit, komplexe Zusammenhänge und Informationen auf einfache und verständliche Weise darzustellen. Dies ermöglicht es Führungskräften und Entscheidungsträgern, die erkannten Risiken und deren potenzielle Auswirkungen besser zu verstehen und angemessene Gegenmaßnahmen zu ergreifen.

Die kontinuierliche Überwachung und Aktualisierung von ChatGPT ermöglicht es zudem, sich ändernden regulatorischen Anforderungen gerecht zu werden und sicherzustellen, dass das Unternehmen stets über die neuesten Informationen und Erkenntnisse verfügt, um Risiken angemessen zu bewältigen.

Abschließend ist festzuhalten, dass ChatGPT ein leistungsstarkes und vielseitiges Instrument im Risikomanagement darstellt, das sowohl zur Identifikation als auch zur Minimierung von Risiken beitragen kann. Durch die Integration von ChatGPT in bestehende Risikomanagement-Systeme und -Prozesse können Unternehmen ihre Fähigkeit zur Risikoidentifikation und -bewältigung erheblich verbessern und somit ihre Wettbewerbsfähigkeit und Resilienz stärken.

10.3.4 Risikomonitoring und Reporting mit ChatGPT

Risikomanagement ist ein essenzieller Bestandteil der Unternehmensführung und damit ein wichtiger Teil der Governance-Struktur eines Unternehmens. Durch die Digitalisierung ergeben sich neue Möglichkeiten, das Risikomanagement effizienter und effektiver zu gestalten. Dabei kann ChatGPT eine entscheidende Rolle spielen.

Die Automatisierung von Risikoberichten und -dashboards durch ChatGPT ermöglicht es, Risiken schneller zu identifizieren und zu bewerten. Die automatische Generierung von Risikoprofilen und -analysen ermöglicht es zudem, nicht nur die Risiken selbst, sondern auch deren Ursachen und Konsequenzen besser zu verstehen. Dadurch können Unternehmen die Risikosteuerung noch gezielter durchführen.

Die regelmäßige Aktualisierung und Anpassung der Risikoberichte und -dashboards durch ChatGPT ermöglicht es Unternehmen, stets auf dem neuesten Stand zu sein und Risiken frühzeitig zu identifizieren. Die Unterstützung der Entscheidungsträger durch ChatGPT-generierte Risikoinformationen und Handlungsempfehlungen ermöglicht es, Risiken besser zu bewerten und entsprechende Gegenmaßnahmen einzuleiten.

Darüber hinaus kann ChatGPT auch bei der Erstellung von benutzerdefinierten Risikoberichten und -visualisierungen eingesetzt werden. Dadurch können Unternehmen die für sie relevanten Risikofaktoren noch besser darstellen und die Daten für Entscheidungsträger noch leichter zugänglich machen.

Im Rahmen der Risikofrüherkennung kann ChatGPT auch eingesetzt werden, um Warnungen bei kritischen Schwellenwerten auszulösen. Dadurch können Unternehmen rechtzeitig reagieren und Gegenmaßnahmen einleiten.

Die automatische Priorisierung von Risiken und Handlungsempfehlungen durch ChatGPT ermöglicht es Unternehmen zudem, die richtigen Schwerpunkte bei der Risikosteuerung zu setzen. Diese Priorisierung kann auch in bestehende Risikokommunikations- und Eskalationsverfahren integriert werden.

Nicht zuletzt kann ChatGPT an gesetzliche und regulatorische Anforderungen im Risikoreporting angepasst werden. Dadurch können Unternehmen sicherstellen, dass sie den Anforderungen entsprechen.

Literatur

Bollweg, L. M., Data Governance für Manager, 2021, https://doi.org/10.1007/978-3-662-63562-9

Hastenteufel, J., et al. (Hrsg.), Digitale Transformation im Controlling, 2022, https://doi.org/10.1007/978-3-658-38225-4

Müller, F., Quick Guide Digital Controlling, 2021, https://doi.org/10.1007/978-3-658-35041-3

Rath, M., et al. (Hrsg.), Maschinenethik, Ethik in mediatisierten Welten, 2019, https://doi.org/10.1007/978-3-658-21083-0

Wirtschaftsprüfung 11

Um die Audioversion dieses Kapitels zu hören, klicken Sie auf den Link oder scannen Sie ihn mit der Springer Nature More Media App:
▶ sn.pub/4em10b

11.1 Zusammenfassung

In diesem Kapitel wird die Rolle der Wirtschaftsprüfung und deren Einsatzmöglichkeiten von Generative Pre-trained Transformer (GPT) in den Bereichen Finance, Compliance und Auditing untersucht. Dabei werden die Vorteile, Herausforderungen und Praxisbeispiele der Verwendung von GPT in diesen Bereichen erläutert.

Die Wirtschaftsprüfung ist ein wichtiger Teil der Rechnungslegung und dient der Überprüfung der Finanzberichterstattung von Unternehmen. Wirtschaftsprüfer müssen dabei gesetzliche Vorschriften und Berufsstandards, wie Unabhängigkeit und Qualitätskontrolle, beachten. Im Zuge der technologischen Entwicklung gewinnt der Einsatz von Künstlicher Intelligenz (KI), wie GPT, in der Wirtschaftsprüfung zunehmend an Bedeutung.

ChatGPT kann in der Wirtschaftsprüfung insbesondere zur Automatisierung von Prüfungsaufgaben eingesetzt werden, etwa bei der Prüfung von Buchhaltungsdaten, der Analyse von Geschäftsprozessen und der Identifikation von Prüfungsrisiken. Dadurch kann die Effizienz und Effektivität der Prüfungsprozesse erhöht sowie die Fehleranfälligkeit reduziert werden, während sich Wirtschaftsprüfer auf komplexere Aufgaben konzentrieren können. Zudem eröffnen sich durch ChatGPT neue Möglichkeiten bei der Entwicklung von Prüfungsstrategien und -methoden.

© Der/die Autor(en), exklusiv lizenziert an Springer Fachmedien Wiesbaden GmbH, ein Teil von Springer Nature 2025

T. Hüsch et al., *Einsatzmöglichkeiten von GPT in Finance, Compliance und Audit*,
https://doi.org/10.1007/978-3-658-49460-5_11

Die Einführung von ChatGPT in der Wirtschaftsprüfung hängt jedoch auch mit einigen Anforderungen und Herausforderungen zusammen. Datenschutz und Datensicherheit müssen berücksichtigt werden, und die Berufsstandards sowie Regulierung müssen an den Einsatz von ChatGPT angepasst werden. Zudem müssen Wirtschaftsprüfer ihre Kompetenzen in Bezug auf die Nutzung von ChatGPT weiterentwickeln, und die Zusammenarbeit zwischen Wirtschaftsprüfern und KI-Experten gestärkt werden.

Im Bereich der Prüfung von Buchhaltungsdaten kann ChatGPT zur automatisierten Analyse von Finanztransaktionen verwendet werden, um mögliche Unregelmäßigkeiten oder Konformitätsverstöße aufzudecken. Dabei spielen Datenschutz und Datensicherheit eine wichtige Rolle, und die Zusammenarbeit zwischen Wirtschaftsprüfern und KI-Experten ist entscheidend für den erfolgreichen Einsatz von ChatGPT in diesem Kontext.

ChatGPT kann auch zur Prüfung von Geschäftsprozessen eingesetzt werden und dabei helfen, Schwachstellen und Risiken sowie die Einhaltung von regulatorischen Vorgaben effizient und effektiv zu überwachen. Durch die Integration von ChatGPT in bestehende Prüfungsprozesse kann die Effizienz der Prüfung erhöht und die Fehleranfälligkeit gesenkt werden. Dabei ist eine Anpassung der Berufsstandards und Regulierung notwendig.

Die Verwendung von ChatGPT zur Identifikation von Prüfungsrisiken ermöglicht es Wirtschaftsprüfern, ihre Zeit und Ressourcen gezielter einzusetzen und die Prüfung effizienter durchzuführen. Gleichzeitig können sie durch kontinuierliche Risikoüberwachung jederzeit auf aktuelle Risikoinformationen zugreifen. Dabei ist der Datenschutz von besonderer Bedeutung, und Unternehmen müssen sicherstellen, dass die eingesetzte KI-Technologie den geltenden Datenschutzbestimmungen entspricht.

ChatGPT kann außerdem bei der Analyse und Interpretation von Prüfungsergebnissen eingesetzt werden, um Muster und Trends zu erkennen und somit das Verständnis der Ergebnisse und die Beurteilung von Risiken zu verbessern. Dies kann die Qualität der Wirtschaftsprüfung erhöhen und Unternehmen, die ChatGPT in der Analyse von Prüfungsergebnissen einsetzen, einen Wettbewerbsvorteil verschaffen.

Insgesamt bietet der Einsatz von ChatGPT in der Wirtschaftsprüfung zahlreiche Vorteile, wie Effizienzsteigerung, verbesserte Qualität der Prüfung und neue Analysemethoden. Allerdings sind damit auch Herausforderungen verbunden, wie die Anpassung von Berufsstandards und Regulierung, Datenschutz und Datensicherheit sowie die Zusammenarbeit zwischen Wirtschaftsprüfern und KI-Experten.

11.2 Definition und Aufgaben der Wirtschaftsprüfung

Wirtschaftsprüfung ist ein Teil der Rechnungslegung und wird in der Regel von Wirtschaftsprüfern durchgeführt. Diese überprüfen die Einhaltung der gesetzlichen Vorschriften und der Grundsätze ordnungsgemäßer Buchführung sowie die Richtigkeit und Vollständigkeit der Bilanz, der Gewinn- und Verlustrechnung und des Anhangs.

Wirtschaftsprüfung unterscheidet sich von anderen Prüfungstätigkeiten. Während bei Compliance- oder Revisionstätigkeiten häufig spezifische Prozesse oder Risikobereiche im Vordergrund stehen, geht es bei der Wirtschaftsprüfung um die Überprüfung des gesamten Rechnungswesens eines Unternehmens. Ziel ist es, die finanzielle Lage des Unternehmens möglichst objektiv darzustellen.

Zu den Aufgaben der Wirtschaftsprüfung gehören insbesondere:

- Abschlussprüfung: Die Prüfung der Jahresabschlüsse von Unternehmen, um deren Richtigkeit und Vollständigkeit zu bestätigen.
- Prüfung von Geschäftsprozessen: Die Überprüfung von internen Abläufen und Kontrollen, um festzustellen, ob diese angemessen und effektiv sind.
- Betriebswirtschaftliche Beratung: Die Beratung von Unternehmen bei der Umsetzung von Strategien oder der Lösung betriebswirtschaftlicher Probleme.
- Sonstige Tätigkeiten: Wirtschaftsprüfer können auch andere Tätigkeiten übernehmen, wie etwa die Prüfung von Compliance-Programmen oder die Unterstützung bei der Erstellung von Gutachten.

▶ Rechtliche Grundlagen und Berufsstandards

Die Wirtschaftsprüfung ist in vielen Ländern gesetzlich geregelt und unterliegt strengen beruflichen Standards. Diese Standards sollen die Qualität der Arbeit der Wirtschaftsprüfer sicherstellen und das Vertrauen in die Ergebnisse der Prüfung erhöhen. Die Standards umfassen unter anderem:

- Anforderungen an die Unabhängigkeit: Wirtschaftsprüfer müssen unabhängig von ihren Klienten sein, um ihre Arbeit objektiv durchführen zu können. Sie dürfen daher keine persönlichen oder geschäftlichen Interessen mit dem Unternehmen verbinden, das sie prüfen.
- Qualitätskontrolle und Peer-Review: Wirtschaftsprüfer müssen ihre Arbeit in Übereinstimmung mit den Standards durchführen und sich regelmäßig von anderen Wirtschaftsprüfern überprüfen lassen.
- Verantwortung gegenüber Klienten und Stakeholdern: Wirtschaftsprüfer sind nicht nur ihren Klienten, sondern auch anderen Interessengruppen, wie etwa Investoren, Banken oder Aufsichtsbehörden, verpflichtet.

Entwicklung der Wirtschaftsprüfung

Die Wirtschaftsprüfung entwickelt sich stetig weiter, um den Anforderungen von Unternehmen, Regulierungsbehörden und Stakeholdern gerecht zu werden. Die technologische Entwicklung und neue Regulierungsvorschriften spielen dabei eine große Rolle. So wird beispielsweise der Einsatz von künstlicher Intelligenz in der Wirtschaftsprüfung immer wichtiger, um die Effizienz und Genauigkeit der Prüfung zu erhöhen.

11.3 ChatGPT in der Wirtschaftsprüfung

Die Wirtschaftsprüfung ist ein wichtiger Bestandteil des Finanz- und Rechnungswesens in Unternehmen. Dabei werden die Rechnungslegung, die internen Kontrollsysteme und die Einhaltung von gesetzlichen Bestimmungen überprüft. Die Wirtschaftsprüfer stellen dabei sicher, dass die Finanzberichterstattung korrekt und verlässlich ist.

In der Wirtschaftsprüfung ist eine hohe Präzision gefordert, denn Fehler können gravierende Konsequenzen haben. Dabei ist die Analyse großer Datenmengen eine wichtige Aufgabe, die mit dem Einsatz von ChatGPT automatisiert werden kann. So lassen sich durch die Verwendung von ChatGPT verschiedene Prüfungsaufgaben automatisieren, wie beispielsweise die Prüfung von Buchhaltungsdaten, die Analyse von Geschäftsprozessen oder die Identifikation von Prüfungsrisiko.

Durch die Automatisierung der Prüfungsaufgaben mit ChatGPT können die Effizienz und Effektivität der Prüfungsprozesse erhöht werden. So kann die Prüfung schneller und kostengünstiger durchgeführt werden. Gleichzeitig kann die Qualität der Prüfung verbessert werden, da die Fehleranfälligkeit durch die Automatisierung reduziert wird. Die Wirtschaftsprüfer können sich somit auf die komplexeren Aufgaben konzentrieren und ihre Expertise besser einsetzen.

Ein weiterer Vorteil des Einsatzes von ChatGPT in der Wirtschaftsprüfung liegt in der Möglichkeit der Entwicklung von neuen Prüfungsstrategien und -methoden. Durch die Verwendung von ChatGPT können die Wirtschaftsprüfer neue Analysemethoden entwickeln, die die Genauigkeit der Prüfung erhöhen und die Erkennung von Anomalien und möglichen Fehlern verbessern.

Die Zusammenarbeit zwischen Wirtschaftsprüfern und KI-Experten ist dabei ein wichtiges Element. Die KI-Experten können dazu beitragen, ChatGPT auf die spezifischen Anforderungen der Wirtschaftsprüfung anzupassen und die Anwendungsmöglichkeiten weiter auszubauen. Gleichzeitig müssen die Wirtschaftsprüfer ihre Kompetenzen in Bezug auf die Nutzung von ChatGPT weiterentwickeln.

Die Nutzung von ChatGPT in der Wirtschaftsprüfung wirft allerdings auch Fragen auf. So müssen die Berufsstandards und Regulierung an den Einsatz von ChatGPT angepasst werden. Zudem stellt sich die Frage, inwiefern sich die Rolle und Verantwortlichkeiten der Wirtschaftsprüfer durch den Einsatz von ChatGPT verändern. Diese Fragen müssen im Zuge der Weiterentwicklung von ChatGPT in der Wirtschaftsprüfung geklärt werden.

11.3.1 Automatisierte Prüfung von Buchhaltungsdaten durch ChatGPT

Die Wirtschaftsprüfung stellt einen Anwendungsbereich dar, in dem ChatGPT sinnvoll eingesetzt werden kann. Bei der Prüfung von Buchhaltungsdaten kann diese Technologie zur automatisierten Analyse von Finanztransaktionen genutzt werden, um mögliche Unregelmäßigkeiten aufzudecken. So kann ChatGPT beispielsweise überprüfen, ob die Rechnungslegungsstandards eingehalten werden. Außerdem kann die Technologie zur Prüfung der Konsistenz von Finanzdaten beitragen.

Die Nutzung von ChatGPT zur Identifikation von Buchhaltungsanomalien kann verschiedene Vorteile mit sich bringen. Zum einen kann die Automatisierung von Prüfungsaufgaben zu einer erheblichen Effizienzsteigerung führen. Zum anderen kann die Qualität und Genauigkeit von Prüfungsberichten verbessert werden, wenn ChatGPT zur Analyse der Daten eingesetzt wird.

Die Integration von ChatGPT in bestehende Buchhaltungssysteme stellt in der Regel kein großes Problem dar. Allerdings sollten Unternehmen einige Aspekte berücksichtigen, wenn sie diese Technologie in der Wirtschaftsprüfung nutzen möchten. Zunächst ist es wichtig, die Prüfungsprozesse an die ChatGPT-basierten Analysen anzupassen. Diese Technologie kann die Art und Weise, wie Prüfer arbeiten, verändern. Daher ist eine enge Zusammenarbeit zwischen Wirtschaftsprüfern und KI-Experten nötig, um eine erfolgreiche Automatisierung von Buchhaltungsprüfungen zu gewährleisten.

Datenschutz und Datensicherheit sind weitere Aspekte, die bei der Nutzung von ChatGPT zur Prüfung von Buchhaltungsdaten berücksichtigt werden sollten. Es ist wichtig, die Datenschutzbestimmungen einzuhalten und die Daten vor unbefugtem Zugriff zu schützen.

11.3.2 ChatGPT-basierte Prüfung von Geschäftsprozessen

Die Automatisierung von Prüfungsprozessen mit ChatGPT bietet zahlreiche Vorteile. Durch die Anwendung von ChatGPT lassen sich Geschäftsprozesse effizienter und effektiver analysieren und überwachen. Die Identifikation von Schwachstellen und Risiken in Geschäftsprozessen fällt dadurch leichter. Zudem kann die Einhaltung von regulatorischen Vorgaben überwacht und kontrolliert werden.

Um ChatGPT erfolgreich in Prüfungsprozessen einzusetzen, ist es wichtig, die Technologie in bestehende Prüfungsmethoden und -werkzeuge zu integrieren. So kann die Effizienz der Prüfung erhöht und die Fehleranfälligkeit gesenkt werden. Die Entwicklung von ChatGPT-basierten Prüfungsstrategien kann dabei helfen, den Einsatz der Technologie in der Praxis zu optimieren.

Eine wichtige Voraussetzung für den Einsatz von ChatGPT in der Prüfung von Geschäftsprozessen ist die Anpassung der Berufsstandards und Regulierung. Diese müssen die Möglichkeit bieten, die Technologie in die Prüfung einzubinden. Zudem ist es notwendig, die Zusammenarbeit zwischen Wirtschaftsprüfern und KI-Experten zu stärken, um eine qualitativ hochwertige Prüfung zu gewährleisten.

Neben den Vorteilen, die der Einsatz von ChatGPT in der Prüfung von Geschäftsprozessen bietet, sind auch Datenschutz und Datensicherheit wichtige Aspekte. Diese müssen bei der Verwendung von ChatGPT berücksichtigt werden, um die Vertraulichkeit und Integrität der Daten zu gewährleisten.

Der Einsatz von ChatGPT in der Prüfung von Geschäftsprozessen hat auch Auswirkungen auf die Rolle und Verantwortlichkeiten von Wirtschaftsprüfern. Diese müssen sich mit der Technologie vertraut machen und sich über die Möglichkeiten und Grenzen der Technologie informieren. Die Nutzung von ChatGPT in der Prüfung von Geschäftsprozessen kann die Rolle der Wirtschaftsprüfer in der Prozessprüfung stärken und ihnen neue Möglichkeiten eröffnen.

11.3.3 Verwendung von ChatGPT zur Identifikation von Prüfungsrisiken

Die Verwendung von ChatGPT im Bereich der Wirtschaftsprüfung bietet eine ganze Reihe von Vorteilen. Zunächst kann ChatGPT zur Risikoanalyse im Prüfungskontext eingesetzt werden. Die KI-gestützte Risikoanalyse kann dazu beitragen, die Effizienz der Wirtschaftsprüfung zu erhöhen, indem sie die Identifikation von Unternehmens- und Branchenrisiken erleichtert. Diese Risikoidentifikation ist insbesondere in einer schnelllebigen und sich ständig wandelnden Wirtschaft wichtig, um eine fundierte Prüfungsplanung und -durchführung zu gewährleisten.

Eine weitere Möglichkeit, ChatGPT in der Wirtschaftsprüfung einzusetzen, ist die Bewertung der Wirksamkeit von internen Kontrollen. Durch die Nutzung der KI- Technologie kann ChatGPT die Prozesse und Kontrollen eines Unternehmens schnell und effizient analysieren und damit wertvolle Informationen für die Wirtschaftsprüfer liefern. Der Einsatz von ChatGPT kann somit dazu beitragen, Risiken für das Unternehmen frühzeitig zu erkennen und entsprechend Gegenmaßnahmen einzuleiten.

Weiterhin kann ChatGPT in die bestehenden Risikobewertungsmethoden integriert werden. Dadurch lassen sich Risikoanalysen automatisieren und auf eine breitere Datenbasis stützen, was zu einer besseren Risikobewertung führt. Durch die Nutzung von ChatGPT lsst sich die Prüfungsplanung zudem besser an die Ergebnisse der Risikoanalysen anpassen.

Die Verwendung von ChatGPT kann auch die Effizienz der Wirtschaftsprüfung verbessern. Die Identifikation von Risikobereichen mit ChatGPT ermöglicht es den Wirtschaftsprüfern, ihre Zeit und Ressourcen gezielter einzusetzen und somit die Prüfung effizienter durchzuführen. Auch kann ChatGPT zur kontinuierlichen Risikoüberwachung während der Prüfung eingesetzt werden, wodurch die Wirtschaftsprüfer jederzeit auf aktuelle Risikoinformationen zugreifen können.

Um die Vorteile von ChatGPT in der Wirtschaftsprüfung bestmöglich zu nutzen, ist es wichtig, dass Wirtschaftsprüfer und KI-Experten eng zusammenarbeiten. Diese Zusammenarbeit kann dazu beitragen, die Risikoidentifikation zu verbessern und die Prüfung Effizienz zu steigern.

Bei der Verwendung von ChatGPT zur Identifikation von Prüfungsrisiko gilt es allerdings auch, einige Aspekte zu berücksichtigen. Zum einen ist der Datenschutz ein wichtiges Thema. So muss sichergestellt werden, dass die eingesetzte KI-Technologie den Datenschutzbestimmungen des jeweiligen Unternehmens entspricht. Zum anderen ist die Datensicherheit von Bedeutung. Es ist notwendig, die Daten vor unbefugtem Zugriff zu schützen und die Integrität der Daten zu gewährleisten.

Die Verwendung von ChatGPT in der Wirtschaftsprüfung hat auch Auswirkungen auf die Rolle und Verantwortlichkeiten von Wirtschaftsprüfern bei der Risikoidentifikation. Durch die Nutzung von ChatGPT können Wirtschaftsprüfer ihre Kompetenzen im Bereich der Risikoidentifikation weiter ausbauen und ihre Prüfungsplanung und -durchführung effizienter gestalten.

11.3.4 ChatGPT-basierte Analyse von Prüfungsergebnissen

Die Analyse von Prüfungsergebnissen ist von großer Bedeutung für die Qualität der Wirtschaftsprüfung. Dabei kann der Einsatz von ChatGPT einen wesentlichen Beitrag leisten.

Eine Möglichkeit, ChatGPT im Bereich der Wirtschaftsprüfung einzusetzen, ist die Analyse und Interpretation von Prüfungsergebnissen. Dabei kann ChatGPT helfen, Muster und Trends in den Ergebnissen zu erkennen und zu analysieren. Dies kann einen wertvollen Beitrag zum Verständnis der Ergebnisse und der Beurteilung von Risiken leisten.

Eine weitere Möglichkeit ist die Verwendung von ChatGPT zur Verbesserung der Kommunikation von Prüfungsergebnissen. ChatGPT kann dazu beitragen, komplexe Ergebnisse aus der Prüfung auf eine verständlichere und zugänglichere Weise darzustellen. Diese können dann als Grundlage für die Entscheidungsfindung bei der Beurteilung von Risiken dienen.

ChatGPT kann zudem in bestehende Berichterstattungsverfahren integriert werden. Hierbei kann der Einsatz von ChatGPT helfen, automatisch Ergebnisse aus der Prüfung in Berichte einzubinden und diese übersichtlich und verständlich darzustellen. Das kann zu einer schnelleren und effizienteren Berichterstattung führen.

Eine weitere Möglichkeit besteht darin, ChatGPT-basierte Visualisierungen und Dashboards für Prüfungsergebnisse zu entwickeln. Diese ermöglichen einen schnellen Überblick über die wichtigsten Ergebnisse der Prüfung und können die Entscheidungsfindung erleichtern.

ChatGPT kann aber auch dazu beitragen, die Berufsstandards und Regulierung an den Einsatz von ChatGPT in der Analyse von Prüfungsergebnissen anzupassen. Hierdurch können Standards und Regulierungsvorgaben besser auf die neuen Möglichkeiten der Datenanalyse reagieren.

Zudem kann eine Zusammenarbeit zwischen Wirtschaftsprüfern und KI-Experten bei der Analyse von Prüfungsergebnissen helfen. Diese Zusammenarbeit kann dazu beitragen, neue Erkenntnisse aus den Daten zu gewinnen und die Qualität der Wirtschaftsprüfung zu erhöhen.

Der Einsatz von ChatGPT in der Analyse von Prüfungsergebnissen wirft aber auch Fragen des Datenschutzes und der Datensicherheit auf. Unternehmen müssen daher sicherstellen, dass die Verwendung von ChatGPT den geltenden Datenschutzbestimmungen entspricht.

Der Einsatz von ChatGPT kann zudem Auswirkungen auf die Rolle und Verantwortlichkeiten von Wirtschaftsprüfern in der Ergebnisanalyse haben. Diese müssen sich mit den neuen Möglichkeiten der Datenanalyse auseinandersetzen und ihre Rolle und Verantwortlichkeiten anpassen.

Die Nutzung von ChatGPT in der Analyse und Interpretation von Prüfungsergebnissen bietet viele Vorteile. Diese reichen von der Möglichkeit, Muster und Trends in Prüfungsergebnissen zu identifizieren, über die Verbesserung der Kommunikation von Prüfungsergebnissen bis hin zur Entwicklung von Visualisierungen und Dashboards. Unternehmen, die ChatGPT in der Analyse von Prüfungsergebnissen einsetzen, haben die Möglichkeit, sich einen Wettbewerbsvorteil zu verschaffen und die Qualität der Wirtschaftsprüfung zu verbessern.

Literatur

Berwanger, J./Hahn, U., Interne Revision und Compliance, 2020, https://doi.org/10.1007/978-3-658-31807-9

Bollweg, L. M., Data Governance für Manager, 2021, https://doi.org/10.1007/978-3-662-63562-9

Rinker, C./Müller, P./Münker, F., Accounting Fraud, 2022, https://doi.org/10.1007/978-3-658-36324-6

Datenschutz 12

Um die Audioversion dieses Kapitels zu hören, klicken Sie auf den Link oder scannen Sie ihn mit der Springer Nature More Media App:
► sn.pub/y9gojq

12.1 Zusammenfassung

Der Datenschutz stellt im Zusammenhang mit der Data Governance einen wichtigen Aspekt dar und umfasst alle Maßnahmen zum Schutz von Personen vor dem Missbrauch ihrer persönlichen Daten. Unternehmen müssen mit der Einführung von Datenschutzvorschriften wie der Europäischen Datenschutz-Grundverordnung (DSGVO) besondere Sorgfalt auf die Gewährleistung von Datenschutz und Informationssicherheit legen.

Der Einsatz von KI-Lösungen wie ChatGPT in Finance, Compliance und Auditing bringt Herausforderungen im Bereich Datenschutz mit sich. Die Verwendung von ChatGPT kann dazu führen, dass personenbezogene Daten automatisiert erfasst, ausgewertet und gespeichert werden, was sowohl Mitarbeiter als auch Kunden betreffen kann. Eine wesentliche Herausforderung besteht in der Identifikation von Datenschutzverstößen und der Integration von ChatGPT in bestehende Datenschutzmanagement-Systeme.

Um Risiken zu minimieren, sollten Unternehmen bei der Nutzung von ChatGPT darauf achten, Daten zu anonymisieren oder pseudonymisieren. Des Weiteren kann ChatGPT für die Sensibilisierung und Schulung von Mitarbeitern im Bereich Datenschutz eingesetzt werden, um Mitarbeiter über die Bedeutung von Datenschutz und Informationssicherheit zu informieren.

© Der/die Autor(en), exklusiv lizenziert an Springer Fachmedien Wiesbaden GmbH, ein Teil von Springer Nature 2025

T. Hüsch et al., *Einsatzmöglichkeiten von GPT in Finance, Compliance und Audit*,
https://doi.org/10.1007/978-3-658-49460-5_12

Der Einsatz von ChatGPT zur automatisierten Verwaltung von Datenschutzvorschriften und zur Überwachung von Datenschutzverstößen kann Unternehmen bei der Einhaltung von Datenschutzvorschriften unterstützen. Dabei sollte sorgfältig darauf geachtet werden, dass die Nutzung von ChatGPT selbst keine Datenschutzrisiken mit sich bringt.

Zusammenfassend kann ChatGPT einen wertvollen Beitrag zum Datenschutzmanagement in Unternehmen leisten, sofern geeignete Schutzmaßnahmen getroffen werden und die spezifischen Anforderungen des jeweiligen Datenschutzmanagementsystems berücksichtigt werden. Unternehmen sollten weiterhin eine Datenschutz-Folgenabschätzung durchführen, um Risiken im Zusammenhang mit der Implementierung von ChatGPT systematisch zu identifizieren und zu minimieren.

12.2 Definition und Aufgaben des Datenschutzes

Wie bereits im vorherigen Abschnitt erläutert, stellt Data Governance einen Ordnungsrahmen für den Umgang mit Daten im Unternehmen dar. Ein wesentlicher Teilaspekt ist dabei der Datenschutz. Bevor jedoch auf die konkreten Aspekte des Datenschutzes im Rahmen von Data Governance eingegangen wird, sollen einige grundlegende Begrifflichkeiten und Zusammenhänge erläutert werden.

Datenschutz ist ein Begriff, der aus der rechtlichen Betrachtung des Umgangs mit personenbezogenen Daten entstanden ist. Der Datenschutz umfasst alle Maßnahmen, die dazu dienen, Personen vor dem Missbrauch ihrer persönlichen Daten zu schützen. Dabei geht es darum, Personen ein Recht auf informationelle Selbstbestimmung zu gewähren, in dessen Rahmen sie selbst entscheiden können, welche Daten über sie gespeichert und weitergegeben werden dürfen. In Deutschland zum Beispiel wurde dieses Recht erstmals im Jahr 1977 mit dem Bundesdatenschutzgesetz (BDSG) verankert, das seitdem mehrfach überarbeitet wurde.

Häufig werden die Begriffe Datenschutz und Datensicherheit synonym verwendet, obwohl es sich um zwei verschiedene Konzepte handelt. Datensicherheit ist ein Teilbereich der Informationssicherheit und bezeichnet die Gesamtheit an Maßnahmen, die dazu dienen, Daten vor Verlust, Verfälschung und unberechtigtem Zugriff zu schützen. Im Gegensatz dazu zielt der Datenschutz auf die Wahrung der Privatsphäre von Personen ab und will deren Rechte im Umgang mit persönlichen Daten schützen.

Seit Mai 2018 gilt die europäische Datenschutz-Grundverordnung (DSGVO) in allen EU-Mitgliedstaaten. Die DSGVO stellt ein umfassendes Regelwerk für den Umgang mit personenbezogenen Daten dar und hat in vielen Punkten Vorrang vor nationalen Regelungen. Die DSGVO verpflichtet Unternehmen unter anderem dazu, die Einwilligung der betroffenen Personen für die Verarbeitung ihrer Daten einzuholen, den Betroffenen Auskunft über die Verarbeitung ihrer Daten zu geben und Daten nur für bestimmte Zwecke und für einen begrenzten Zeitraum zu speichern.

In den USA existieren keine vergleichbar umfassenden Gesetze auf Bundesebene, allerdings gibt es in einzelnen Staaten wie Kalifornien mit dem California Consumer Privacy Act (CCPA) durchaus ähnliche Regelungen.

Übersicht Grundprinzipien DSGVO

Die DSGVO regelt die Verarbeitung von personenbezogenen Daten, die von Unternehmen erhoben, gespeichert, genutzt, übermittelt oder gelöscht werden. Dabei gelten folgende Grundprinzipien:

Rechtmäßigkeit: Die Verarbeitung von personenbezogenen Daten ist nur dann erlaubt, wenn es eine gesetzliche Grundlage dafür gibt oder die betroffene Person ihre Einwilligung gegeben hat.

Zweckbindung: Die Verarbeitung von personenbezogenen Daten muss auf einen bestimmten Zweck ausgerichtet sein, der vor der Erhebung der Daten festgelegt wird.

Datenminimierung: Die Verarbeitung von personenbezogenen Daten soll auf das notwendige Minimum beschränkt werden, um das Ziel der Verarbeitung zu erreichen.

Transparenz: Die betroffene Person muss über die Verarbeitung ihrer Daten informiert werden und ihr Recht auf Auskunft und Berichtigung wahrnehmen können.

Integrität und Vertraulichkeit: Die personenbezogenen Daten müssen vor unberechtigtem Zugriff, Verlust oder Zerstörung geschützt werden.

Im Rahmen des Datenschutzes kommt es vor allem auf den Schutz von personenbezogenen Daten an. Diese Daten sind durch die DSGVO wie folgt definiert:

„Alle Informationen, die sich auf eine identifizierte oder identifizierbare natürliche Person beziehen."

Dazu zählen beispielsweise der Name, das Geburtsdatum, die Anschrift, die Telefonnummer, die E-Mail-Adresse, die Sozialversicherungsnummer, die Steuernummer oder die IP-Adresse. Auch Informationen über die physische, genetische, psychische, wirtschaftliche oder soziale Identität einer Person können unter diese Definition fallen.

Die DSGVO sieht vor, dass Unternehmen in bestimmten Fällen einen Datenschutzbeauftragten bestellen müssen. Dieser ist die zentrale Ansprechperson für alle Fragen rund um den Datenschutz im Unternehmen und überwacht die Einhaltung der gesetzlichen Vorgaben. Zu seinen Aufgaben gehören unter anderem:

- Die Beratung der Unternehmensleitung in Fragen des Datenschutzes,
- Die Erstellung und Aktualisierung von Datenschutzrichtlinien,
- Die Überwachung der Einhaltung der Datenschutzvorgaben,

- Die Durchführung von Schulungen für Mitarbeiter,
- Die Beantwortung von Anfragen von Betroffenen und Behörden.

Um die Einhaltung der Datenschutzvorgaben zu gewährleisten, müssen Unternehmen entsprechende Prozesse und Verfahren einführen. Dazu gehören unter anderem:

- Die Erstellung von Datenschutzrichtlinien, die die Grundprinzipien des Datenschutzes konkretisieren und die konkreten Regelungen für die Verarbeitung von personenbezogenen Daten im Unternehmen festlegen.
- Die Durchführung von Datenschutz-Folgenabschätzungen, um die Risiken für die Rechte und Freiheiten der Betroffenen bei bestimmten Datenverarbeitungsprozessen zu bewerten.
- Die Festlegung von Zuständigkeiten und Verantwortlichkeiten, um zu gewährleisten, dass die Datenschutzrichtlinien und -verfahren eingehalten werden.
- Die Entwicklung von technischen und organisatorischen Maßnahmen, um die Sicherheit der Daten zu gewährleisten.
- Die regelmäßige Überprüfung und Aktualisierung der Datenschutzrichtlinien und -verfahren.

Die DSGVO sieht bei Verstößen gegen die Datenschutzvorgaben empfindliche Sanktionen vor. So können Unternehmen mit Geldbußen von bis zu 20 Mio. € oder 4 % des weltweiten Jahresumsatzes bestraft werden. Darüber hinaus können Betroffene Schadensersatzansprüche gegen Unternehmen geltend machen.

Die DSGVO sieht in bestimmten Fällen eine Datenschutz-Folgenabschätzung vor. Dabei wird bewertet, welche Risiken eine bestimmte Datenverarbeitung für die Rechte und Freiheiten der Betroffenen darstellt. Diese Risikoanalyse ist ein wichtiger Bestandteil des Datenschutz-Risikomanagements und dient dazu, geeignete Maßnahmen zur Risikominimierung zu identifizieren und umzusetzen.

Datenschutz ist grundsätzlich in allen Branchen und für alle Unternehmen relevant, die personenbezogene Daten verarbeiten. Besonders in sensiblen Bereichen wie dem Gesundheitswesen, dem Finanzsektor oder dem Bildungswesen ist der Schutz der Daten besonders wichtig. Aber auch in Bereichen wie dem Online-Handel, dem Marketing oder der Logistik kommt dem Datenschutz eine große Bedeutung zu.

Der Datenschutz ist ein wesentlicher Bestandteil der Data Governance und stellt eine zentrale Herausforderung für Unternehmen dar. Dabei geht es um die Wahrung der Privatsphäre von Personen und die Sicherstellung der informationellen Selbstbestimmung. Unternehmen müssen sich daher mit den rechtlichen Grundlagen des Datenschutzes vertraut machen und entsprechende Prozesse und Verfahren etablieren, um die Einhaltung der gesetzlichen Vorgaben zu gewährleisten.

12.3 ChatGPT im Bereich Datenschutz

Die Bedeutung von Datenschutz und Informationssicherheit hat in den letzten Jahren deutlich zugenommen, insbesondere mit der Einführung der europäischen Datenschutz-Grundverordnung (DSGVO) im Jahr 2018. Im Rahmen der DSGVO wurden neue Regelungen eingeführt, die die Rechte von Bürgern in Bezug auf ihre personenbezogenen Daten stärken. Unternehmen, die in der Europäischen Union personenbezogene Daten verarbeiten, müssen sich an diese neuen Regeln halten. Auch in anderen Regionen der Welt entstehen Gesetze und Regulierungen zum Schutz personenbezogener Daten, wie z. B. der California Consumer Privacy Act (CCPA) in den USA, der seit Anfang 2020 in Kraft ist.

Im Kontext des Einsatzes von ChatGPT in Unternehmen ergeben sich zahlreiche Herausforderungen im Hinblick auf den Datenschutz. Die Verwendung von ChatGPT kann dazu führen, dass personenbezogene Daten automatisiert erfasst, ausgewertet und gespeichert werden. Dies kann sowohl Mitarbeiter als auch Kunden betreffen, die mit dem ChatGPT-System interagieren.

Eine wesentliche Herausforderung ist die Identifikation von Datenschutzverstößen. Die Nutzung von ChatGPT kann dazu führen, dass personenbezogene Daten ungewollt offengelegt oder zweckentfremdet werden. Um dies zu verhindern, sollte das Unternehmen die Verwendung von ChatGPT sorgfältig planen und entsprechende Schutzmaßnahmen ergreifen.

Eine weitere Herausforderung besteht darin, ChatGPT in bestehende Datenschutzmanagement-Systeme zu integrieren. Unternehmen müssen sicherstellen, dass ihre Datenschutz-Policies und -Prozesse an die Nutzung von ChatGPT angepasst sind und die Anforderungen der geltenden Gesetze und Regulierungen erfüllen.

Die KI-Entscheidungen, die von ChatGPT getroffen werden, können Auswirkungen auf den Datenschutz haben. Beispielsweise kann die Nutzung von ChatGPT zur Identifizierung von Verhaltensmustern und zur automatischen Anpassung von Dienstleistungen oder Produkten an die Bedürfnisse von Nutzern führen. Dabei können personenbezogene Daten von Nutzern analysiert und ausgewertet werden, um diese Anpassungen vorzunehmen. Dies stellt eine zusätzliche Datenschutzherausforderung dar.

Um die Risiken zu minimieren, sollten Unternehmen bei der Nutzung von ChatGPT darauf achten, Daten zu anonymisieren oder pseudonymisieren, wenn möglich. Die Anonymisierung von Daten bedeutet, dass diese so verändert oder verfremdet werden, dass kein Bezug zu einer bestimmten Person mehr hergestellt werden kann. Die Pseudonymisierung von Daten bedeutet, dass personenbezogene Daten durch Verwendung von Pseudonymen so verändert werden, dass sie nicht mehr direkt einer bestimmten Person zugeordnet werden können.

Eine weitere Möglichkeit, Datenschutzrisiken zu reduzieren, besteht darin, ChatGPT für die Sensibilisierung und Schulung von Mitarbeitern im Bereich Datenschutz einzusetzen. So kann das ChatGPT-System beispielsweise Mitarbeitern Informationen über die gesetzlichen Anforderungen und die firmeninternen Datenschutzrichtlinien zur Verfügung stellen. Auf diese Weise können Unternehmen sicherstellen, dass ihre Mitarbeiter über die Bedeutung von Datenschutz und Informationssicherheit informiert sind und entsprechend handeln.

Die Nutzung von ChatGPT im Bereich Datenschutz birgt also Risiken, bietet aber auch Chancen. Unternehmen können ChatGPT zur automatisierten Verwaltung von Datenschutzvorschriften und zur Schulung von Mitarbeitern in Datenschutzfragen nutzen. Eine Anpassung der Datenschutzrichtlinien und -prozesse an die Nutzung von ChatGPT ist jedoch unerlässlich, um die sichere und rechtskonforme Verarbeitung personenbezogener Daten zu gewährleisten. Darüber hinaus sollten Unternehmen eine Datenschutz-Folgenabschätzung durchführen, um die Risiken im Kontext von ChatGPT-Implementierungen systematisch zu identifizieren, zu bewerten und zu minimieren.

12.3.1 Einsatz von ChatGPT zur automatisierten Verwaltung von Datenschutzvorschriften

Die Nutzung von ChatGPT kann Unternehmen bei der Einhaltung von Datenschutzvorschriften unterstützen. Zum einen kann ChatGPT dabei helfen, ein Verständnis von Datenschutzgesetzen und -richtlinien innerhalb des Unternehmens zu entwickeln. Zum anderen kann ChatGPT die Automatisierung von Compliance-Überprüfungen ermöglichen. Dabei kann ChatGPT die Einhaltung von Datenschutzbestimmungen überwachen und bei Verletzungen Alarm schlagen.

Die Aktualisierung von Datenschutzdokumenten kann durch den Einsatz von ChatGPT ebenfalls erleichtert werden. So kann ChatGPT helfen, neue Gesetze und Vorschriften in bestehende Dokumente einfließen zu lassen.

Die Umsetzung von Datenschutzmaßnahmen kann durch die Nutzung von ChatGPT ebenfalls unterstützt werden. ChatGPT kann die Aktivitäten von Mitarbeitern im Unternehmen überwachen und sie bei datenschutzrechtlichen Bedenken aufklären.

ChatGPT kann auch zur Überwachung der Einhaltung von Datenschutzbestimmungen eingesetzt werden. Dabei kann es Verstöße identifizieren und entsprechende Maßnahmen vorschlagen.

Darüber hinaus kann ChatGPT bei der Identifikation von datenschutzrelevanten Änderungen helfen. So kann ChatGPT beispielsweise feststellen, ob sich Gesetze oder Vorschriften geändert haben und ob diese Änderungen für das Unternehmen relevant sind.

Automatisierte Datenschutz-Folgenabschätzung ist ein weiterer Bereich, in dem ChatGPT eingesetzt werden kann. ChatGPT kann dazu beitragen, diese Analysen durchzuführen und mögliche Risiken für den Datenschutz zu identifizieren.

Bei der Unterstützung von Datenschutzbeauftragten kann ChatGPT ebenfalls helfen. So kann ChatGPT Informationen über Datenschutzbestimmungen bereitstellen und bei der Umsetzung von Datenschutzmaßnahmen helfen.

Schließlich kann ChatGPT für interne Datenschutzaudits eingesetzt werden. Dabei kann ChatGPT den Audit-Prozess automatisieren und die Überwachung von Datenschutzvorschriften erleichtern.

Die Anpassungsfähigkeit von ChatGPT ermöglicht es, die oben genannten Funktionen an verschiedene Datenschutzregulierungen anzupassen. Dadurch kann ChatGPT Unternehmen helfen, ihre Datenschutzverpflichtungen zu erfüllen.

12.3.2 Verwendung von ChatGPT zur Überwachung von Datenschutzverstößen

Die Nutzung von ChatGPT im Bereich Datenschutz kann auf mehrere Arten erfolgen. Beispielsweise kann ChatGPT als Tool zur automatisierten Verwaltung von Datenschutzvorschriften eingesetzt werden, um die Einhaltung der Vorschriften zu gewährleisten. Ein weiterer Anwendungsbereich ist die Überwachung von Datenschutzverstößen, um Verstöße möglichst frühzeitig zu erkennen und entsprechend reagieren zu können.

Ein wesentlicher Aspekt für ein effektives Datenschutzmanagement ist die frühzeitige Erkennung von möglichen Verstößen. ChatGPT kann dabei als Tool zur automatischen Erkennung von Verstößen eingesetzt werden. Das bedeutet, dass ChatGPT automatisch Datenverarbeitungsaktivitäten auf mögliche Verstöße hin überprüft und diese dann entsprechend dokumentiert oder meldet. Auf diese Weise kann ein Unternehmen potenzielle Datenschutzverstöße frühzeitig erkennen und entsprechend reagieren.

Neben der Erkennung von Verstößen kann ChatGPT auch für die Analyse von Datenverarbeitungsaktivitäten eingesetzt werden. Hierbei kann ChatGPT beispielsweise Datenströme überwachen und auswerten, um Anomalien und potenzielle Datenschutzverstöße zu erkennen. Die Ergebnisse dieser Analysen können dann genutzt werden, um risikobehaftete Datenverarbeitungsaktivitäten zu identifizieren und entsprechende Maßnahmen zu ergreifen.

ChatGPT kann auch zur Alarmierung und Benachrichtigung von Datenschutzverstößen eingesetzt werden. In diesem Fall kann ChatGPT automatisch Warnungen und Benachrichtigungen an die Verantwortlichen versenden, sobald ein potenzieller Verstoß erkannt wird. Auf diese Weise können Unternehmen schnell auf mögliche Datenschutzverstöße reagieren und Gegenmaßnahmen ergreifen.

Im Falle eines Datenschutzverstoßes kann ChatGPT auch als Hilfsmittel bei der Untersuchung des Vorfalls eingesetzt werden. Dabei kann ChatGPT beispielsweise die Datensammlung und -analyse unterstützen, um einen Überblick über das Ausmaß des Verstoßes zu erhalten. Darüber hinaus kann ChatGPT auch als Tool zur Dokumentation und Beweissicherung genutzt werden, um die Untersuchung des Vorfalls zu erleichtern.

ChatGPT kann auch zur Priorisierung von Datenschutzrisiken eingesetzt werden. Dabei kann ChatGPT beispielsweise die Ergebnisse von Risikobewertungen auswerten und diese in eine Rangfolge bringen. Auf diese Weise können Unternehmen ihre Ressourcen auf die kritischsten Datenschutzrisiken fokussieren und diese priorisiert angehen.

ChatGPT kann auch für die automatisierte Berichterstattung über Datenschutzverstöße eingesetzt werden. Dabei kann ChatGPT beispielsweise die Ergebnisse von Untersuchungen automatisch in Berichte umwandeln und diese an die Verantwortlichen weiterleiten. Die automatisierte Berichterstattung kann dazu beitragen, dass Unternehmen einen Überblick über Datenschutzverstöße erhalten und zeitnah über diese informiert werden.

ChatGPT kann auch in bestehende Sicherheitssysteme integriert werden. Damit kann ChatGPT beispielsweise Teil eines umfassenden Datenschutz- und Sicherheitsmanagementsystems sein. Durch die Integration von ChatGPT in bestehende Systeme können Unternehmen ihre Datenschutz- und Sicherheitsmaßnahmen weiter ausbauen und effektiver gestalten.

Durch die Nutzung von ChatGPT kann die Reaktionszeit bei Datenschutzverstößen verbessert werden. Durch die automatische Erkennung und Meldung von Verstößen kann ein Unternehmen schneller auf diese reagieren. Dadurch kann das Unternehmen beispielsweise schneller Maßnahmen zur Eindämmung des Schadens ergreifen oder die betroffenen Personen informieren.

ChatGPT kann auch für die kontinuierliche Verbesserung des Datenschutzes eingesetzt werden. Dabei kann ChatGPT beispielsweise die Effektivität von Datenschutzmaßnahmen und -richtlinien überwachen und auswerten. Durch diese kontinuierliche Überwachung und Analyse können Unternehmen ihre Datenschutzmaßnahmen und -richtlinien kontinuierlich weiterentwickeln und verbessern.

12.3.3 ChatGPT-basierte Erstellung von Datenschutzberichten

Datenschutz ist ein wichtiges Thema, wenn es um die Verwendung von ChatGPT geht. Es gilt, potenzielle Risiken für die Privatsphäre von Nutzern und Kunden zu minimieren. Um die Einhaltung von Datenschutzbestimmungen sicherzustellen, gibt es eine Reihe von Aspekten, die bei der Verwendung von ChatGPT berücksichtigt werden müssen.

Zunächst ist es wichtig, die Daten, die ChatGPT verarbeitet, genau zu definieren. Hierzu gehören nicht nur die Daten, die direkt von Nutzern oder Kunden eingegeben werden, sondern auch solche, die automatisch durch die Nutzung von ChatGPT erhoben werden. Je nach Art und Umfang der Daten kann die Verarbeitung an rechtliche Vorgaben geknüpft sein, beispielsweise an die EU-Datenschutzgrundverordnung (DSGVO).

Im Zuge der Erstellung von Datenschutz Berichten mit ChatGPT ist es wichtig, eine Risikobewertung durchzuführen. Diese stellt sicher, dass mögliche Risiken für die Privatsphäre frühzeitig erkannt und nach Möglichkeit minimiert werden. Zu diesen Risiken kann zum Beispiel gehren, dass personenbezogene Daten in falsche Hände geraten oder ungewollt weitergegeben werden.

Um Datenschutzverstöße zu verhindern, sollten Unternehmen, die ChatGPT nutzen, die Datenverarbeitung genau dokumentieren und überwachen. Dabei ist es wichtig, die Einhaltung der gesetzlichen Anforderungen regelmäßig zu prüfen und bei Bedarf anzupassen.

Die automatisierte Erstellung von Datenschutz-Folgenabschätzungen durch ChatGPT kann ebenfalls dabei helfen, Risiken zu identifizieren und zu reduzieren. Diese Folgenabschätzungen sind eine Art Risikobewertung, die in der Regel vor der Einführung neuer Verarbeitungstätigkeiten oder bei Änderungen der Verarbeitung durchgeführt wird. Sie beinhalten eine Beschreibung der geplanten Datenverarbeitung, eine Einschätzung der Risiken und Vorschläge zur Risikominimierung.

Darüber hinaus kann ChatGPT bei der Erstellung von Berichten für Datenschutzbeauftragte eingesetzt werden. Diese Berichte sollen die Datenschutzbeauftragten unterstützen, indem sie einen Überblick über die Datenverarbeitung im Unternehmen geben. Sie können zudem Informationen über eventuelle Verstöße gegen Datenschutzbestimmungen oder Risiken für die Privatsphäre enthalten.

Die Anpassung von Datenschutz-Berichten an gesetzliche Anforderungen ist mithilfe von ChatGPT ebenfalls möglich. Dabei werden die Berichte so angepasst, dass sie den Anforderungen der jeweiligen Gesetze entsprechen. Beispielsweise kann ChatGPT dabei helfen, Berichte so umzugestalten, dass sie den Vorgaben der DSGVO entsprechen.

Um die Transparenz im Datenschutz zu verbessern, kann ChatGPT auch bei der Visualisierung von Datenschutzdaten eingesetzt werden. Dabei können Informationen über die Datenverarbeitung grafisch aufbereitet und so leichter zugänglich gemacht werden.

Die Nutzung von ChatGPT zur Unterstützung der Kommunikation von Datenschutzmaßnahmen an Mitarbeiter und Stakeholder kann ebenfalls hilfreich sein. So kann ChatGPT beispielsweise dazu genutzt werden, die wichtigsten Informationen aus einem Datenschutzbericht in verständlicher Form zusammenzufassen und für allen Beteiligten zugänglich zu machen.

12.3.4 Integration von ChatGPT in bestehende Datenschutzmanagement-Systeme

Das Thema Datenschutz ist in der heutigen Zeit von großer Bedeutung. Dabei geht es nicht nur darum, personenbezogene Daten vor unbefugtem Zugriff zu schützen, sondern auch um die Vermeidung von Datenmissbrauch. Unternehmen müssen sich daher immer wieder mit der Frage beschäftigen, wie sie ihre Datenbestände angemessen schützen können.

ChatGPT kann hierbei eine wichtige Rolle spielen. Durch die Anbindung von ChatGPT an bestehende Datenschutzmanagement-Systeme kann die Automatisierung von Routineaufgaben erreicht werden. So lassen sich beispielsweise bestimmte Datenschutzvorschriften systematisch überwachen und Verstöße automatisch melden. Auch kann

ChatGPT zur Unterstützung der Zusammenarbeit zwischen dem Datenschutzbeauftragten und anderen Stakeholdern eingesetzt werden.

Durch die Synchronisation von ChatGPT mit bestehenden Datenschutz Prozessen kann die Effizienz von Datenschutzmanagement-Systemen weiter gesteigert werden. ChatGPT kann beispielsweise eingesetzt werden, um Datenschutzberichte automatisch zu erstellen oder zur Analyse und Optimierung von Datenschutzmanagementsystemen. Auch kann ChatGPT dazu genutzt werden, Schulungen und Bewusstseinsbildung im Bereich Datenschutz zu unterstützen.

Allerdings bringt der Einsatz von ChatGPT auch einige Herausforderungen mit sich. So müssen Unternehmen darauf achten, dass ChatGPT an die spezifischen Anforderungen ihres Datenschutzmanagement-Systems angepasst ist. Zudem müssen sie sicherstellen, dass ChatGPT selbst keine Datenschutzrisiken mit sich bringt. Hierbei ist es wichtig, den Zugriff auf ChatGPT zu reglementieren und sicherzustellen, dass nur berechtigte Personen Zugang zu den Daten haben.

Fazit

ChatGPT kann einen wertvollen Beitrag zum Datenschutzmanagement in Unternehmen leisten. Durch die Automatisierung von Routineaufgaben und die Bereitstellung von Analyse- und Optimierungsmöglichkeiten kann ChatGPT die Effizienz von Datenschutz Managementsystemen verbessern. Dabei ist es jedoch wichtig, die spezifischen Anforderungen des jeweiligen Datenschutz Managementsystems zu berücksichtigen und mögliche Risiken zu minimieren.

12.3.5 Datenschutzrisiken aus der Verwendung von ChatGPT

In den vorherigen Kapiteln wurden bereits einige Risiken und Herausforderungen in Bezug auf die Verwendung von ChatGPT angesprochen. Ein Risikofeld, das in diesem Zusammenhang noch näher betrachtet werden sollte, ist die des Datenschutzes. Die Verwendung von ChatGPT birgt einige datenschutzrechtliche Risiken, die für Unternehmen und Nutzer gleichermaßen relevant sind.

Ein Risiko ergibt sich bereits aus der Tatsache, dass ChatGPT für seine Funktionen auf große Datenmengen angewiesen ist. Diese Datenmengen enthalten oft personenbezogene Daten, die unter datenschutzrechtlichen Bestimmungen fallen. Beispielsweise werden für die automatische Beantwortung von Kundenanfragen in einem Chat-Bot häufig Kundendaten benötigt, die für die Beantwortung der Anfrage relevant sind. Diese Daten müssen jedoch vor unberechtigtem Zugriff geschützt und bei der Nutzung und Verarbeitung entsprechend der gesetzlichen Anforderungen behandelt werden.

Ein weiteres Risiko ergibt sich aus der Verwendung von ChatGPT für die automatische Verarbeitung von Sprache. Dabei kann es passieren, dass ChatGPT Sprachaufnahmen aufzeichnet, die persönliche Informationen enthalten. Zum Beispiel könnte eine Sprachaufnahme, die über einen Chat-Bot aufgenommen wurde, den Namen und die Adresse eines Kunden enthalten. Diese Daten müssen ebenfalls entsprechend geschützt und verarbeitet werden.

Schließlich besteht ein Risiko darin, dass ChatGPT bei der Verarbeitung von Daten möglicherweise Entscheidungen trifft, die datenschutzrechtliche Bedenken aufwerfen. Beispielsweise könnte ChatGPT als Teil eines internen Kontrollsystems eingesetzt werden, um Mitarbeiteraktivitäten zu überwachen. Dabei könnten personenbezogene Daten von Mitarbeitern erhoben und verarbeitet werden, die unter datenschutzrechtliche Bestimmungen fallen.

Um diese Risiken zu minimieren, sind verschiedene Maßnahmen notwendig. Unternehmen, die ChatGPT einsetzen, sollten sich über die Risiken im Klaren sein und ihre Mitarbeiter entsprechend sensibilisieren. Zudem sollten Unternehmen geeignete technische und organisatorische Maßnahmen ergreifen, um personenbezogene Daten zu schützen. Dazu gehören beispielsweise die Verschlüsselung von Daten, die Einführung von Zugangsbeschränkungen oder die Nutzung von Pseudonymisierungstechniken. Darüber hinaus sollten Unternehmen ihre Prozesse und Systeme so gestalten, dass sie datenschutzkonform sind und die gesetzlichen Anforderungen erfüllen. Dazu gehört auch die Durchführung von Datenschutz-Folgenabschätzungen, um mögliche Risiken frühzeitig zu identifizieren und Gegenmaßnahmen zu ergreifen.

Um die Risiken im Zusammenhang mit ChatGPT zu minimieren, ist es daher wichtig, alle beteiligten Akteure für die Datenschutzrisiken zu sensibilisieren, diese Risiken zu analysieren und geeignete Schutzmaßnahmen zu ergreifen. Nur so kann gewährleistet werden, dass ChatGPT auf eine verantwortungsbewusste und datenschutzkonforme Weise eingesetzt wird.

Literatur

Berwanger, J./Hahn, U., Interne Revision und Compliance, 2020, https://doi.org/10.1007/978-3-658-31807-9

Bollweg, L. M., Data Governance für Manager, 2021, https://doi.org/10.1007/978-3-662-63562-9

Rinker, C./Müller, P./Münker, F., Accounting Fraud, 2022, https://doi.org/10.1007/978-3-658-36324-6

13 Gemeinsamer Ausblick

Um die Audioversion dieses Kapitels zu hören, klicken Sie auf den Link oder scannen Sie ihn mit der Springer Nature More Media App:
► sn.pub/jx4hi2

Die Einführung und Implementierung von ChatGPT in Finanzabteilungen bietet erhebliche Vorteile, wie in den vorherigen Kapiteln detailliert erläutert. Angesichts der rasanten Entwicklung von Künstlicher Intelligenz (KI) und der steigenden Bedeutung von ChatGPT ist es entscheidend, sowohl die Chancen als auch die Herausforderungen der Technologie zu verstehen und anzugehen. Die Worte „Your job will not be taken away by AI – it will be taken away by somebody using AI" verdeutlichen, dass es letztendlich der Umgang mit KI ist, der den Unterschied ausmacht.

Zukünftige Entwicklungen und Trends in der Anwendung von ChatGPT werden voraussichtlich branchenübergreifend stattfinden. Es wird erwartet, dass die Technologie in den kommenden Jahren immer leistungsfähiger und vielseitiger wird, wobei neue Anwendungsbereiche und Funktionen kontinuierlich entstehen. Dabei dürften Fortschritte in der KI-Forschung, wie beispielsweise die Entwicklung von noch leistungsfähigeren neuronalen Netzwerken, die zukünftige Entwicklung von ChatGPT maßgeblich beeinflussen.

Bei der Implementierung von ChatGPT in Organisationen sind Herausforderungen wie Change Management, Limitationen der Technologie, Datenschutz und ethische Bedenken zu berücksichtigen. Um diese Herausforderungen erfolgreich zu bewältigen, ist es wichtig, Best Practices für den Einsatz von ChatGPT zu entwickeln. Hierzu gehört beispielsweise

© Der/die Autor(en), exklusiv lizenziert an Springer Fachmedien Wiesbaden GmbH, ein Teil von Springer Nature 2025

T. Hüsch et al., *Einsatzmöglichkeiten von GPT in Finance, Compliance und Audit*,
https://doi.org/10.1007/978-3-658-49460-5_13

die Integration von ChatGPT in bestehende Systeme und Prozesse, die Schulung der Mitarbeiter und die Implementierung eines effektiven Risikomanagements.

Ethik und Verantwortung sind zentrale Themen im Zusammenhang mit der Nutzung von ChatGPT. Unternehmen müssen sicherstellen, dass sie ethische Grundsätze einhalten, indem sie beispielsweise gegen Diskriminierung und Bias vorgehen und die Privatsphäre ihrer Nutzer schützen. Eine offene Diskussion über die ethischen Implikationen von ChatGPT und KI im Allgemeinen ist unerlässlich, um eine breite Akzeptanz und Vertrauen in die Technologie zu gewährleisten.

Regulierung und Gesetzgebung spielen eine entscheidende Rolle bei der Gestaltung der Zukunft von ChatGPT-Anwendungen. Es ist wichtig, dass Wissenschaft, Industrie und Regulierungsbehörden zusammenarbeiten, um geeignete Rahmenbedingungen für den Einsatz von KI-Technologien wie ChatGPT zu schaffen. Diese Zusammenarbeit sollte darauf abzielen, einerseits Innovationspotenziale zu fördern und andererseits sicherzustellen, dass ethische und gesellschaftliche Bedenken angemessen berücksichtigt werden.

Langfristige gesellschaftliche Auswirkungen von ChatGPT und Künstlicher Intelligenz sind vielfältig und können sowohl positive als auch negative Folgen haben. Auf der einen Seite können KI-Technologien wie ChatGPT enorme Produktivitätssteigerungen ermöglichen und das menschliche Leben in vielen Bereichen erleichtern. Auf der anderen Seite können sie auch Arbeitsplätze bedrohen und ethische Fragestellungen aufwerfen. Es ist entscheidend, dass Entscheidungsträger und Stakeholder aus unterschiedlichen Bereichen zusammenarbeiten, um das Potenzial von KI und ChatGPT sinnvoll zu nutzen und mögliche negative Auswirkungen zu minimieren.

Ein wichtiger Aspekt zur erfolgreichen Integration von ChatGPT in verschiedenen Anwendungsbereichen ist die kontinuierliche Weiterbildung von Mitarbeitern und Führungskräften. Dies umfasst das Verständnis der Funktionsweise von ChatGPT, die Identifizierung von Möglichkeiten zur Prozessoptimierung und die Sensibilisierung für ethische und rechtliche Fragen im Zusammenhang mit der Nutzung von KI-Technologien.

Abschließend lässt sich sagen, dass ChatGPT eine transformative Technologie ist, die sowohl Chancen als auch Herausforderungen mit sich bringt. Die erfolgreiche Integration von ChatGPT in Finanzabteilungen und anderen Geschäftsbereichen hängt von einer umfassenden Auseinandersetzung mit den Implikationen der Technologie und einer effektiven Zusammenarbeit zwischen Wissenschaft, Industrie und Regulierungsbehörden ab. Durch die Entwicklung von Best Practices, die Berücksichtigung ethischer Grundsätze und die Schaffung eines unterstützenden rechtlichen Rahmens kann ChatGPT dazu beitragen, den Finanzsektor und die Wirtschaft insgesamt nachhaltig zu verändern und zu verbessern.

14 Annex

Verfügbare AI Tools nach Themen.

Finanzmanagement und Controlling

AI Tool	Erläuterung
iGenius	Ein Werkzeug für die Kontrolle über Unternehmensdaten mit Crystal, einer KI-Plattform. Dieses Tool ermöglicht eine effiziente Datenanalyse und hilft Unternehmen, datengesteuerte Entscheidungen zu treffen.
FinChat	ChatGPT für Finanzen stellt einen KI-gesteuerten Aktieninvestitionsanalysten dar. Dieses Tool kann nützliche Informationen und Analysen für die Finanzentscheidungsfindung bereitstellen.
Cheat Layer	Automatisierung von Geschäftsprozessen von Anfang bis Ende in natürlicher Sprache. Dieses Tool kann dazu beitragen, Geschäftsprozesse effizient und effektiv zu automatisieren.

© Der/die Autor(en), exklusiv lizenziert an Springer Fachmedien Wiesbaden GmbH, ein Teil von Springer Nature 2025

T. Hüsch et al., *Einsatzmöglichkeiten von GPT in Finance, Compliance und Audit*,
https://doi.org/10.1007/978-3-658-49460-5_14

Dokumenten- und Textverarbeitung

AI Tool	Erläuterung
EllieAl	Ein E-Mail-Schreibassistent, der den persönlichen Schreibstil lernt. Dieses Tool kann dazu beitragen, den Prozess des Verfassens von E-Mails zu verbessern und die Effizienz zu steigern.
Rezi AI	Ein Werkzeug, das die Jobsuche mit KI-gestütztem Lebenslaufschreiben revolutioniert. Es kann dabei helfen, aussagekräftige und professionelle Lebensläufe zu erstellen, die auf spezifische Stellenangebote abgestimmt sind.
WriteSonicAl	Dieses Tool kann SEO-optimierten Inhalt 10-mal schneller erstellen. Es ist nützlich für die schnelle und effektive Erstellung von Inhalten, die auf Suchmaschinenoptimierung abzielen.
GhostwryterAl	Ein KI-Schreibassistent speziell für Google Docs. Dieses Tool erleichtert das Erstellen und Bearbeiten von Dokumenten in Google Docs.
QuillBot	Ein KI-basiertes Werkzeug zur Verbesserung des Schreibens, zur Paraphrasierung, zur Grammatiküberprüfung und zur Erkennung von Tönen. Dieses Tool kann dazu beitragen, die Qualität der Texterstellung und -bearbeitung zu verbessern.
LawChatGPT	Dieses Tool ermöglicht das Erstellen von Rechtsdokumenten und -vereinbarungen sowie die Durchführung von Rechtsrecherchen. Es kann wertvolle Hilfe bei rechtlichen Fragen und Herausforderungen bieten
LongshotAl	Ein Schreibassistent für genaues und optimiertes Verfassen von Inhalten. Es kann bei der Erstellung präziser und qualitativ hochwertiger Texte helfen.
Wordtune	Ein KI-Tool, das Dokumente zusammenfasst und Schlüsselpunkte identifiziert. Dieses Tool kann dazu beitragen, wichtige Informationen aus Texten effizient zu extrahieren und zu verarbeiten.
Bearly AI	Ein KI-Tool zum Lesen, Schreiben und Erstellen von Inhalten. Es kann dazu beitragen, verschiedene Arten von Textinhalten effizient zu erstellen und zu bearbeiten.
Base64 AI	Mit diesem Tool können Text, Daten, Fotos und mehr aus allen Arten von Dokumenten extrahiert werden. Es kann bei der Verarbeitung und Analyse von Dokumenten unterschiedlicher Formate unterstützen.
Engage AI	Dieses KI-Tool kann zum Verfassen von aufschlussreichen Kommentaren auf LinkedIn verwendet werden. Es kann dabei helfen, die Online-Präsenz und das Engagement auf LinkedIn zu verbessern.
Quinvio AI	Mit diesem Tool können Video-Präsentationen mithilfe von KI erstellt werden. Es kann bei der effizienten und effektiven Erstellung von Videoinhalten unterstützen.
RephraseAI	Mit diesem Tool kann Text in hochinteressante Videos umgewandelt werden. Es ist hilfreich für die schnelle und effektive Umwandlung von Textinhalten in visuelle Darstellungen.

(Fortsetzung)

(Fortsetzung)

AI Tool	Erläuterung
Ask Your PDF	Ein KI-Chatbot, der dabei hilft, mit jedem PDF-Dokument zu interagieren. Dieses Tool kann bei der effizienten Interaktion mit und Verwaltung von PDF-Dokumenten unterstützen.

Automatisierung und Produktivität

AI Tool	Erläuterung
Wand AI	Eine Self-Service-KI-Plattform ohne Code, die die Generierung von KI ohne Reibungspunkte ermöglicht. Die Fähigkeit, Prozesse zu automatisieren, ist universell und kann in einer Vielzahl von Anwendungsfällen angewendet werden.
Buzzy	Eine No-Code-Plattform, die eine Idee in ein Figma-Design und eine App umwandelt. Das automatisierte Design- und Entwicklungsprozesse, das Buzzy bietet, kann die Produktivität steigern.
Magical AI	Eine Plattform, die mehrere Stunden durch die Automatisierung von langweiligen und sich wiederholenden Aufgaben einsparen kann. Es ist nützlich, um die Effizienz und Produktivität bei verschiedenen Aufgaben zu erhöhen.
Autogpt by SamurAI	Ein autonomer KI-Agent, der Aufgaben abschließt. Es handelt sich um eine KI, die automatisiert Aufgaben übernimmt und so zu einer gesteigerten Produktivität beitragen kann.
SidekickAI	Eine Plattform, die bei der Planung von Meetings hilft. Durch die Automatisierung der Terminplanung kann wertvolle Zeit eingespart werden.
Nanonets	Ein KI-basiertes Tool, das die manuelle Dateneingabe automatisiert.
SupernormalAI	Ein KI-gesteuerter Meeting-Recorder. Durch die automatische Aufnahme und Transkription von Meetings kann die Nachbereitung der Meetings effizienter gestaltet werden.
Whimsical	Ein Tool, das bei der Erstellung von Mindmaps mit KI-gesteuerten Vorschlägen hilft.

FSC
www.fsc.org
MIX
Papier | Fördert gute Waldnutzung
FSC® C083411

Kolibri 360 GmbH
Ferdinand-Jühlke-Straße 7
99095 Erfurt, Deutschland
produktsicherheit@kolibri360.de